La ligne droite

DU MÊME AUTEUR

Aux éditions Calmann-Lévy

Le Grand Monôme, *1948*
... Et la fête continue, *1950*
Allons z'enfants, *1952*
Les Gros Sous, *1953*
La guerre, c'est la guerre, *1961*
Mourir idiot, *1988*

Aux éditions des Équateurs

Les Dingues, *2005*

Aux éditions du Seuil

Les Fantômes du Chemin des Dames, *photographies de Gérard Rondeau, 2003*

Yves Gibeau

La ligne droite

roman

Préface de Philippe Delerm

en exergue.
éditions

Maquette couverture et intérieur : Agence Billy Bones
Photo de couverture : © Le Miroir des sports/Presse Sports
Documents joints à l'ouvrage : © Sophie Gibeau

ISBN 979-10-97469-10-8

www.en-exergue.fr

Préface

Bon, je viens de relire *La Ligne droite.* Et je me rappelle cette interview parue naguère dans *L'Équipe.* Il y était question des difficultés éditoriales rencontrées par le livre de sport. On avait demandé à quelques spécialistes ce qu'ils aimeraient voir publier dans ce domaine, et Benoît Heimermann avait répondu : « Un roman de Philippe Delerm consacré à un athlète. » Venant d'un tel connaisseur du sport et de la littérature, la suggestion m'avait touché. Mais je viens de refermer le livre d'Yves Gibeau, avec une conviction intime : on ne fera jamais rien de mieux sur l'athlétisme, et peut-être sur le sport en général.

Yves Gibeau. Un écrivain du milieu du XXe siècle, dont le nom est en général associé à *Allons z'enfants*, un roman assez terrible consacré au sort des enfants de troupe. Gibeau avait des raisons très personnelles pour bien connaître et stigmatiser cet univers effrayant et carcéral où les enfants étaient broyés par un concept – la guerre. On sait moins les rapports qu'il entretint avec le sport, mais une chose est sûre : sa connaissance de l'athlétisme est profonde et intime, inscrite dans la chair des phrases de *La Ligne droite.*

C'est dans l'absurdité finissante d'un violent combat d'arrière-garde que commence le roman. Enfant de troupe, puis soldat, et, en 1940, prisonnier de guerre, Yves Gibeau est à la fois chez lui et ailleurs. Il choisit le contrepied, le camp supposé adverse, pour évoquer côté allemand la résistance inutile d'un bataillon à l'avance condamné par les troupes russes, tout à la fin du conflit.

On ne saura pas exactement dans quelles circonstances Stefan Volker perdra un bras, aura le visage criblé d'obus. On sait juste qu'il était le grand espoir allemand du 800 mètres, le rival présumé du dieu Rudolf Harbig, recordman du monde tué au début de la guerre.

Dans l'univers amer d'un armistice douloureux commence alors une quête longtemps désabusée. Julius Henckel, l'entraîneur de Volker, est d'abord incrédule quand on lui parle d'un jeune mutilé qui vend des journaux à la sauvette dans la gare de Munich, et répond au nom de Sporn. C'est comme si la guerre avait bouleversé jusqu'à l'identité des êtres. Mais Julius reconnaît Stefan, et dès lors s'amorce un rapport âpre et compliqué, bien éloigné des préoccupations sportives. Être reconnu quand on n'est plus celui que l'on a été, ou qu'on ne veut plus l'être. C'est douloureux pour Volker, insupportable pour Henckel. Tous deux sont fiers, orgueilleux et rebelles. À dix-neuf ans, le champion a tutoyé tous ses rêves ; quatre ans après, la guerre les a pulvérisés. Henckel a quant à lui toujours été un passionné bougon et misanthrope, ennemi des petites combines de l'athlétisme allemand officiel. Leur dialogue empêtré est fait d'abord de longs silences, d'empressements bourrus et d'initiatives trop hâtives pour Henckel, de réticences et de refus maussades pour Volker.

Ce face-à-face sans concession est le nœud du roman. Depuis l'armistice, Julius Henckel vit retiré dans la campagne à Mielberg, à une trentaine de kilomètres de Heilbronn. Il y cultive son jardin, dans une sagesse apparente que le retour imprévu de Volker change de nature : il s'agissait plutôt de résignation. Car, tant bien que mal, Volker accepte de passer quelques jours chez Julius et sa femme, Helga.

Un grand roman doit avoir des personnages forts. Helga est le troisième élément dans ce récit. Elle ne se contente pas d'être plus diplomate, plus habile dans l'échange que son volcanique époux. Elle interroge le rapport entraîneur-entraîné. Julius a-t-il aimé Stefan comme un fils, ou comme une chance de fierté personnelle, de réussite par procuration, et de revanche personnelle contre la société ? C'est la grande question de tous les accomplissements sportifs qui est ainsi posée, dans un contexte presque théâtral, à la fois ancré dans une réalité bucolique et envisagé avec une ampleur dramatique dépouillée de tout effet de manche.

Dans la solitude de la nature, Volker retrouve le plaisir de se mouvoir, et bientôt celui de courir. Il faudra encore bien des atermoiements avant qu'il accepte de s'assujettir à une discipline athlétique proprement dite. Pour y parvenir, Henckel devra retrouver son autorité ancienne, mais la moduler insensiblement, sans oublier qu'elle doit s'exercer sur un écorché vif.

La fin du roman est belle. Au moment où Stefan retrouve toute son intégrité athlétique, Henckel décide de se détacher de lui. La gloire ne l'intéresse plus, ni ce sentiment de possession que les entraîneurs éprouvent pour leurs poulains. Le 800 mètres reste la course la plus belle, mais elle est devenue autre chose, une métaphore de l'impossibilité conquise. C'est dans la difficulté extrême du rapport humain que l'affection s'est révélée, s'est inventée. Elle fait penser à ces deux phrases de *Cinéma Paradiso* où Alfredo, le projectionniste qui a pressenti le talent du jeune Toto, lui dit : « ... je ne veux plus t'entendre parler. Je veux juste entendre parler de toi. »

Philippe Delerm

Prologue

Le lieutenant Michael ne cesse d'ôter et de remettre ses lunettes, d'en frotter les verres tantôt du coin de son mouchoir, tantôt du pan de sa vareuse. Il est maintenant appuyé au mur de la cave, reins creusés, jambes un peu fléchies, après avoir tâté de tous les endroits, de toutes les postures sans trouver le calme ou le sommeil. La tête à la hauteur du soupirail, la nuque sur les barreaux, s'y meurtrissant même… Mais le froid du métal lui cause une jouissance brève, comme une boisson avalée d'un trait au terme d'une course rude.

Puis le lieutenant Michael se relâche, et continue de penser, immobile, la bouche entrouverte, les lunettes à bout de bras. Malgré la sueur qui le brûle. Malgré sa barbe de deux jours, insupportable, qui lui semble remplie de vermine.

Il se redresse, heurte la voûte, se retourne si brutalement qu'il cogne encore du front les barreaux.

« Scheffer ! »

À la première syllabe, l'adjudant a sursauté. À la seconde, il est assis sur le matelas, parfaitement éveillé, lucide.

« Monsieur le lieutenant ?

— Les Russes attaquent ! Écoutez ! »

Debout, Scheffer penche la tête, tend l'oreille vers la rue, avec une telle grimace que le lieutenant Michael, courbé lui aussi, attentif en face de l'adjudant, en paraît horrifié.

« Je n'entends rien », dit Scheffer.

Michael remet ses lunettes. Il marche dans la cave, ramasse une bouteille de bière, boit à la régalade. Et l'adjudant Scheffer, toujours penché, a l'air d'épier le bruit du liquide que le lieutenant ingurgite, le cou difforme, grelottant.

« Vous avez raison, dit Michael en jetant la bouteille sur son matelas. J'ai des lubies... »

Il s'essuie les joues d'un revers du bras.

« Quelle chaleur !

— Oui », dit l'adjudant, sans conviction.

Il boutonne sa vareuse en se contorsionnant, tire de sa poche une boîte de cigarettes écrasée, en extirpe une à demi, la lisse entre deux doigts, l'offre à Michael. Et tandis qu'il lui présente la flamme du briquet, des gouttes de sueur tombent sur sa main.

« Malade, monsieur le lieutenant ?

— Quelle idée ! crie Michael. Est-on malade un jour pareil, quand on a failli déjà mourir cent fois et qu'on touche enfin au bout de son existence ! Quand la guérison est proche, pour vous et moi, pour bien d'autres, de toutes les maladies du monde... Qu'on doit au contraire profiter du répit, jouir de sa chair, de sa sueur, de ses glandes... Pas malade, non ! Ou de la bonne façon. Comme il faudrait l'être, après tout. D'une colique, d'un vieux rhumatisme, d'un abcès au foie, à la rate, au derrière. D'une de ces choses bénies, inespérées, qui vous sauvent pour un temps. Et à quoi bon tricher ! Vous aviez raison, Scheffer. Je suis malade de peur. Voilà ! »

Le soldat de deuxième classe Zufrieden, motocycliste de liaison, remue sur sa paillasse, et grogne.

« Oui, monsieur le lieutenant, dit vivement Scheffer, comme s'il voulait, en l'approuvant, calmer Michael.

— Mais vous, Scheffer, vous n'avez pas peur, vous n'avez jamais peur ? Vous dormez comme un dieu, l'âme en paix, le pouls normal, bien réglé. En sachant même que c'est là votre dernier petit somme, que vous serez, demain, à l'aube, là ou ailleurs, raide comme vos bottes, tranquille comme vous ne l'avez jamais été... Répondez ! »

Scheffer hésite, regarde Michael intensément. Sa bouche tremble un peu.

« Parfois, monsieur le lieutenant... Mais je me dis qu'il faut y aller quand même, que nous sommes là pour ça, et qu'avec de la chance on s'en tire toujours... Et puis, je suis un bon soldat, monsieur le lieutenant. J'ai confiance en mes chefs, j'obéis à vos ordres, à ceux de M. le capitaine. Sans cela...

— Sans cela, ce serait le conseil de guerre, pas vrai ? Et, entre deux morts, vous vous dites qu'il vaut mieux choisir la moins laide. La moins certaine, en tout cas. Celle qui vous guette, qui vous frôle constamment, mais qui peut finir par se désintéresser de vous. Vous n'avez pas peur de la mort, adjudant Scheffer, c'est bien. Mais vous avez peur du conseil de guerre, de M. le capitaine, de moi aussi, j'imagine... Et vous tremblez devant nous comme je tremble en ce moment devant vous...

— Oui, répond Scheffer à voix basse, en se redressant.

— Restez au repos, dit Michael. Chaque seconde nous rapproche davantage l'un de l'autre. Chaque seconde nous ramène un peu plus à notre condition d'hommes, à celle-là seule. La meilleure, quoi que vous pensiez. Je vous estime, adjudant Scheffer, et vous n'en doutez pas puisque je consens à perdre la face à vos yeux, au dernier acte, après des années de bon exemple. Que vous me rendiez ou non la pareille importe peu maintenant... »

Le lieutenant Michael s'interrompt, enlève une fois de plus ses lunettes, et pendant qu'il les frotte sur la manche de sa veste ses yeux ne quittent pas le visage de l'adjudant. Mais Scheffer subit cette interrogation sans broncher.

« Vous saurez quand même, adjudant Scheffer, que depuis que nous vivons côte à côte – des années, n'est-ce pas ? – j'ai connu toutes les peurs, qu'elles ne m'ont jamais abandonné, bien qu'on m'ait offert ce ruban et cette croix, le jour même qu'on vous les offrait aussi. Du théâtre, adjudant Scheffer. Je suis un comédien, vous voyez ! Au début, une peur banale, égoïste, pour ma propre vie, ma propre chair auxquelles je tenais et tiens encore beaucoup. Puis la peur de mes chefs. Comme vous, Scheffer. La peur du capitaine, du commandant, du général, du Führer... Puis une peur plus grave, plus terrifiante. La peur de ma modeste puissance, de mes responsabilités, la peur de disposer d'hommes qui redoutaient de mourir autant que je le redoute aujourd'hui. Trente-six peurs ! Et je n'en ai aucune honte, aucune. Donnez-moi une autre cigarette... »

Une détonation lointaine, assourdie. Une rafale de mitrailleuse, plus sonore. Le lieutenant Michael ramasse le briquet qu'il a heurté de la main.

« Pardonnez-moi, Scheffer... »

Mais sa voix est assurée. Il n'a pas tourné la tête vers le soupirail. Il continue de parler, comme s'il s'aidait de cette confession.

« Vous rappelez-vous, Scheffer, le petit discours d'hier matin, avant que nous allions en lignes ? Il n'était pas de moi, certes. Je répétais les paroles du commandant, qui les tenait de quelqu'un de plus qualifié, de plus apte encore à cette forme de romantisme. Je vous écoute, Scheffer... »

Garde-à-vous, de nouveau. Et l'adjudant récite, les yeux fixes :

« Ordre est donné à la division de repousser l'ennemi. Le sort de l'Allemagne est entre vos mains. Il n'est pas permis de reculer ni de se rendre. Ordre est donné à chacun de se battre jusqu'à son dernier souffle et de mourir sur place.

— De crever, adjudant Scheffer. J'ai dit de crever sur place.

— Oui, monsieur le lieutenant. Et de crever sur place...

— Ce n'est pas la première fois qu'on exige ainsi notre sacrifice. Nous devrions être depuis longtemps, vous et moi, de glorieux cadavres. Rappelez-vous Krivoï-Rog et Vitebsk. Ou ce fameux lac, épouvantablement grand, et profond, et froid, que la division a pourtant failli combler. Est-ce possible que vous n'ayez pas eu peur, cette nuit-là, Scheffer ? Cependant, soit qu'il faille toujours compter avec le hasard pour bien respecter les ordres, tout bon soldat qu'on est, et crever sur place délibérément, soit que le commandement se ravise, à la dernière seconde, et projette d'utiliser cette tactique à meilleur escient, sachant que les occasions ne manqueront pas, on finit par être encore en vie, et l'on s'accoutume à voir d'autres hommes décider à leur goût de votre destin. Aujourd'hui, adjudant Scheffer, il n'y aura pas de sursis. Les rescapés de la division crèveront bel et bien sur place, comme il le leur a été conseillé. Les Russes ne les laisseront pas réfléchir, hésiter, attendre des jours plus propices à leur immolation. Savez-vous combien ils sont en face de nous, en face seulement de notre pauvre section étirée à l'extrême, comme une corde trop de fois dédoublée qui cède de toutes parts ? Quinze mille hommes, vingt mille hommes, adjudant Scheffer ! Ils se préparent, ils piétinent derrière le mur de leurs chars, serrés au coude à coude, impatients de se partager, à cent contre un, les quelques héros que l'artillerie aura bien voulu leur abandonner. En un quart d'heure, la section du lieutenant Michael sera anéantie, pulvérisée. Nous serons morts sur place, conformément aux ordres reçus, mais il se pourrait bien que le commandant, que le général même, n'aient pas le loisir de se féliciter de notre obéissance. À quoi tout cela servira-t-il, Scheffer ? Nous l'ignorons l'un et l'autre. Ce que nous savons, en tout cas, c'est que des êtres que nous aimons, que nous apprécions, hormis nous-mêmes, auront quitté ce monde un peu vite, un peu stupidement, sans avoir eu le temps de donner leur vraie mesure, de bien faire ce qu'ils rêvaient de faire, en d'autres lieux, à une autre époque, et qui leur tenait au cœur plus sans doute que le salut de l'Allemagne... »

Le lieutenant Michael passe une main sur son front, sur ses joues, sur sa nuque, d'un geste un peu machinal, paraît surpris de ne pas la sentir se mouiller de sueur. Il recommence, regarde attentivement ses doigts.

« Je ne vous ai jamais parlé si longuement, Scheffer. Jusque-là, tout était simple entre nous, établi, réglé d'avance dans nos propos. Vous m'écoutez, encore maintenant, avec la même discipline, un pareil intérêt, parce que je suis votre lieutenant et qu'il faut toujours écouter son lieutenant, quoi qu'il dise. Je vous étonne beaucoup. Je vous cause peut-être de la peine. Mais je ne regrette rien, Scheffer. »

Il marche vers un coin de la cave, pousse du pied quelques bouteilles vides, en prend deux autres qu'il soupèse.

« Avez-vous soif ?

— Non, monsieur le lieutenant.

— Nous trinquerons quand même, pour la première et la dernière fois.

— Oui, monsieur le lieutenant. »

Le lieutenant Michael ôte les capsules, offre une des bouteilles.

« À votre santé, monsieur le lieutenant.

— À votre santé, Scheffer. À la santé de la XIVe armée, de la division, de notre section, à la santé de tous les bons soldats qui attendent sagement les Russes en grelottant au fond de leur trou. À la santé du caporal Hertling, pianiste, de Kordel, sculpteur, de Murbock, l'employé du gaz, de Zufrieden, cultivateur et agent de liaison, qui n'a plus grand temps à dormir à nos côtés, à la santé du coureur Stefan Volker qui devait un jour battre le record du monde du 800 mètres... À la santé des meilleurs et de tous les autres, adjudant Scheffer ! »

Quand ils ont fini de boire, au garde-à-vous, visage contre visage, le lieutenant Michael demande :

« Que pensez-vous de Stefan Volker, du soldat Volker ?

– Monsieur le lieutenant, en toute franchise...

– En toute franchise, Scheffer...

– Insignifiant, sans aptitudes particulières. Trop tendre... Manquant d'initiative et pas très courageux, monsieur le lieutenant... Mais bon garçon quand même, prêt à rendre service... Seulement, pas très courageux devant l'ennemi, voilà...

– Sans doute, Scheffer, sans doute. Pourtant, des foules l'ont acclamé, qui l'admiraient, qui glorifiaient sa force, sa volonté, son courage justement, une autre forme de courage, adjudant Scheffer, mais qui mérite aussi le respect et la considération. Un courage où il y a moins d'inconscience et de fatalisme. Un courage qui demande beaucoup à l'âme et à l'intelligence. Volker accepte d'aller au feu comme une bête à l'abattoir. Vidé, de peur, il s'est écroulé dans la boue au pied de sa mitrailleuse, près de ses camarades auxquels il ne sera guère utile. L'Allemagne n'aura pas à le compter parmi ses héros, ses défenseurs les plus valeureux. Il eût été, malgré cela, pour la jeunesse de son pays et du monde entier, un exemple, une figure légendaire, une idole ! Oui, Scheffer. Et son autre courage, ses autres moyens, eussent aidé autant à la grandeur et au renom de sa patrie, que s'il se fût rué vingt fois contre les Russes, la tête haute, le cœur solide, en criant "Heil Hitler !" à s'en rompre la gorge. Je connaissais Volker bien avant qu'il nous fût envoyé avec les groupes de renfort, il y a six mois. Souvenez-vous. Je vous ai dit, ce jour-là, apprenant qu'il était affecté à notre section : "Nous allons avoir un garçon célèbre parmi nous. Un coureur de demi-fond dont on ignore les limites... Stefan Volker..." Mais le sport, et l'athlétisme surtout, vous intéressent peu, et cela ne vous a fait, comme on dit en France, ni chaud ni froid… Ce temps est loin, Scheffer. Volker n'a plus que quelques heures à vivre, et le sacrifier, lui et bien d'autres qui avaient leurs propres luttes à livrer, aussi précieuses, aussi nécessaires, aura été un mauvais calcul… »

Le téléphone sonne faiblement au ras du sol. Le lieutenant Michael s'accroupit, tourne la manivelle d'un geste las, et l'adjudant est tendu vers lui, respirant à peine.

« Tenir, tenir ferme ! dit Michael en se relevant. C'est ce que le capitaine avait à nous dire. Et aussi que l'aviation ne pourrait rien pour nous, étant engagée ailleurs, en des points plus critiques. Quant à notre artillerie… En bref, Scheffer, nous sommes seuls, sublimement seuls… La cérémonie durera moins longtemps… »

L'adjudant regarde sa montre, fait glisser son revolver au bon endroit sur son ceinturon.

« Monsieur le lieutenant, je…

— Oui, dit Michael. Allez voir si tout va bien… Rappelez aux sergents Stirner, Raskop et Drechsler qu'ils doivent se replier avec leurs hommes sur le village dès que les Russes auront atteint les tranchées au sud de l'étang. Qu'ils n'attendent pas les fusées vertes… Je doute que von Perl ait la possibilité ou le réflexe de les envoyer. Jetez un coup d'œil au groupe antichar, Scheffer. Dites-leur qu'on compte sur eux plus que sur la demi-douzaine de mines éparpillées Dieu sait où et à peine amorcées. C'est votre avis ?

— Oui, monsieur le lieutenant. Les antichars tiendront autant qu'il faudra…

— Nous verrons bien, dit Michael. En cas de grabuge, rejoignez-moi tout de suite. »

Scheffer ajuste son casque, salue énergiquement, grimpe les marches de pierre avec trop de précipitation. Le lieutenant Michael semble sourire. « Le voilà délivré, pense-t-il. De moi, de mes prêches, de sa gêne, de sa culpabilité tant qu'il me subissait sous cet aspect anormal sans pouvoir s'y soustraire. Le devoir l'a repris. Il est de nouveau en règle. »

« Adjudant Scheffer...

– Monsieur le lieutenant... »

On ne voit plus que les bottes en haut des marches. Puis le corps se courbe, la tête apparaît, énorme.

« Adjudant Scheffer, si nous avions tous les deux un reste de pitié, ou d'intelligence, nous irions jusqu'aux premières lignes dire à nos soldats qu'il n'y a plus rien à faire, désormais, que leur mort ne changera rien aux intentions de la destinée, qu'ils ont le temps, encore, de fuir à toutes jambes où bon leur plaira, où ils avaient coutume de vivre et de chercher leur bonheur. Mais cela n'est pas possible ?

– Non, monsieur le lieutenant.

– Tant pis pour nous, Scheffer. »

Le lieutenant Michael demeure immobile. Et seul. L'homme endormi à quelques pas ne peut rien pour lui. Il n'est déjà plus de ce monde, et Michael sait bien qu'il n'en tirerait aucune lumière, aucun encouragement, sinon ces acquiescements impersonnels, monosyllabes qui témoignent une trop parfaite soumission. Il tourne les yeux vers Zufrieden, contemple le corps inerte, recroquevillé, le casque où se perdent crâne et visage, cette masse qui ne pense plus. Et le lieutenant envie le soldat Zufrieden, sans grands problèmes à résoudre, qui ne connaît, dans son sommeil, nulle inquiétude.

Planté au milieu de la cave, le lieutenant Michael paraît en soutenir la voûte et s'abîmer sous le faix. Il regarde longuement, sans attention réelle, les murs décrépis, bosselés ou crevés de fissures, la lanterne-tempête posée sur le sol, dont la clarté jaune, à ras de terre, écartèle les êtres et les choses. Puis il s'approche de la lanterne, s'assied, le dos à la paroi, et ses yeux s'attachent à cette lueur, interminablement. Le lieutenant Michael songe à la mort. Plus à la sienne, pour l'instant. À la mort du soldat Volker, qu'il eût aimé protéger jusqu'à la fin de l'épreuve, rendre sain et sauf à ceux qui croyaient en lui. Ainsi, sur les pistes de Berlin, d'Augsbourg, de Dresde, de Bochum, de toute l'Allemagne, on ne verrait plus le grand Stefan Volker, silhouette maigre et rude tressée de muscles étirés à fleur de peau, allonger à l'extrême sa belle foulée comme en décomposant le geste. On ne le verrait plus, dans les dernières secondes de ses courses, résister à ses adversaires ou les remonter l'un après l'autre, infailliblement, sans que l'effort ôtât à l'harmonie de son attitude. On ne le verrait plus, au sommet du podium, saluer la foule en haussant gauchement le bras, et peut-être confus de tant d'acclamations, relever d'une main timide ses cheveux qui glissaient toujours sur son visage, un visage où le sourire parfois esquissé ne se plaisait guère.

Stefan Volker aurait trouvé la consécration dans un champ de Prusse-Orientale, à vingt ans, au petit jour, après avoir tenté toute la nuit de réchauffer ses jambes noyées de boue. Par la faute de bien des hommes, par la faute de la mauvaise Providence, par la faute surtout du lieutenant Michael qui n'avait su se dérober à son devoir, tant l'habitude était forte de transmettre les ordres, violemment, réglementairement. À un mot près.

Le lieutenant Michael enlève ses lunettes, d'un mouvement plein de brusquerie. Il souffle sur les verres.

« Je pense que tout se passera bien pour vous... Que vous vous en tirerez mieux que notre pauvre Harbig. »

C'est ce qu'a dit le lieutenant Michael à Stefan Volker, le jour de son arrivée à la section. Six mois auparavant, le 5 mars 1944, recordman du monde du 800 mètres, Rudolf Harbig disparaissait, en Prusse-Orientale, lui aussi.

« Vous l'avez rencontré plusieurs fois, Volker ? Et failli le battre à Dortmund ?

— Il n'était pas clans un de ses bons jours, monsieur le lieutenant... Et puis, dix ans de moins, c'est un avantage... »

Le lieutenant Michael se rappelle les moindres phrases de ces entretiens avec Stefan Volker. Il lui semble que deux êtres parlent à voix haute à ses côtés, qui ajoutent à son désarroi.

« Je vous connais depuis longtemps, Volker. Je vous ai vu courir à Berlin à deux reprises, durant mes permissions, et la dernière fois à Stuttgart... Une course extraordinaire, ce jour-là. En tête dès le départ, et derrière vous des types qui défendaient furieusement leurs chances... 1 minute 50 secondes, si je me souviens...

— Et 2/10, monsieur le lieutenant...

— Le plus beau 800 mètres que j'aie jamais vu.

— Le plus stupide, monsieur le lieutenant. J'ai cru m'effondrer dans la ligne droite. Une faute de tactique...

— On ne l'aurait pas dit, Volker.

— De loin, monsieur le lieutenant !

— Je voulais aller vous serrer la main, aux vestiaires, et vous féliciter. Je regrette, Volker. J'aurais préféré vous rencontrer en d'autres circonstances.

— Bien sûr, monsieur le lieutenant.

— Me voilà, en effet, votre lieutenant. Votre supérieur ! Et ce mot me paraît tout à coup bien curieux. Il n'empêche que j'ai pour vous une grande admiration. Nous tâcherons de ne pas l'oublier, l'un et l'autre.

— Oui, monsieur le lieutenant.

— Et lorsque nous serons revenus, lorsque vous aurez recommencé l'entraînement, que je parlerai de nouveau des poètes allemands à mes élèves – ils se passionnent sans doute pour vous plus que pour Schiller ou Goethe ! – vous saurez que vous avez en moi un fameux supporter. J'aime l'athlétisme.

Maintenant en spectateur, autrefois en pratiquant. Au collège, à dix-sept ans, je courais aussi le 800 mètres. Mon record : 2 minutes 5 secondes 6/10... Je me suis arrêté là... Parce qu'il y avait les études, très absorbantes, et un petit défaut dans la carcasse. Les jambes tenaient parfaitement, mais le cœur cognait un peu. Sans cela, Volker, je crois bien que j'aurais fait de bons temps, un jour ou l'autre... »

Le lieutenant Michael prend son portefeuille dans la poche de sa vareuse. Il sépare du doigt, sans les regarder, des photographies collées par la sueur, cherche une coupure de journal, un article qu'un chroniqueur sportif a consacré à Stefan Volker. Le lieutenant Michael le connaît en détail. Mais l'histoire de Volker, son enfance, ses débuts dans la course à pied, sa progression exceptionnelle, l'emplit d'une exaltation neuve qu'il ressent comme une douleur physique.

« Zufrieden... »

Le lieutenant Michael s'est levé. Penché sur l'agent de liaison, il le secoue sans rudesse.

« Zufrieden...

— Monsieur le lieutenant... Monsieur le lieutenant...

— Rien de grave, Zufrieden. Réveillez-vous, et écoutez-moi bien...

— Ça y est, monsieur le lieutenant.

— Et restez couché. Hier soir, l'adjudant Scheffer vous a envoyé aux premières lignes. Vous avez vu le sergent Kolska, du troisième groupe. Vous devez donc vous rappeler l'endroit exact où ses hommes sont en position...

— Oui, monsieur le lieutenant.

— Le soldat Volker, par exemple...

— Que je me rappelle bien, monsieur le lieutenant... Attendez... D'ici on traverse le village, on suit le chemin jusqu'à la route de Friedland... On passe de l'autre côté. Et alors, là, on marche droit sur le bois de sapins à gauche de l'étang. Le sergent Kolska est dans la tranchée en bordure du bois... Tout de suite au premier bout... Et Volker, lui, avec les mitrailleurs, dans son trou, vingt pas en avant... »

Zufrieden est appuyé sur les coudes, la nuque raidie, dans une posture bien malaisée qui lui coupe le souffle.

« Trois kilomètres deux cents environ...

— Environ, monsieur le lieutenant.

— C'est bon, Zufrieden. Vous pouvez vous rendormir. »

Zufrieden se redresse, s'assoit sur la paillasse. Son casque est tout de guingois, mais le corps du soldat Zufrieden, jambes tendues, talons joints, est au garde-à-vous sous les couvertures.

« Si monsieur le lieutenant va aux premières lignes, puisque je connais bien le chemin...

— Inutile, Zufrieden. L'adjudant Scheffer rentrera d'un instant à l'autre. Restez à sa disposition. »

Zufrieden ne se laisse pas aussitôt retomber sur sa paillasse. Il regarde le lieutenant boucler son ceinturon, mettre son casque, ajuster ses lunettes, enfiler ses gants de laine. Et quand il le voit poser le pied sur la marche :

« Il y a beaucoup de boue, monsieur le lieutenant. On enfonce...

— Je sais, Zufrieden, je sais », répond le lieutenant Michael, sans se retourner.

L'obscurité est si lourde, si totale, qu'il ne semble pas que l'aube puisse en naître dans quelques heures. Le village se fond avec la nuit. Ses maisons basses, éparses en chicanes, sa rue bourbeuse, tantôt étranglée, tantôt élargie sans mesure, que le jour délimitait à peine sur l'étendue des champs et des forêts, s'y sont englouties.

Avant que ses yeux s'habituent aux ténèbres, et discernent enfin les ombres, le lieutenant Michael se traîne en tâtonnant, les pieds raclant la terre, les bras écartés du corps, la tête un peu de biais, prête à esquiver les heurts. En même temps, l'oreille guette le bruit d'eau remuée par à-coups, venu d'un marécage grouillant de canards, à l'extrémité du village, et s'accroche à ce repère. Une ornière profonde comme un fossé... Michael y perd la jambe gauche, essaie de s'arracher au piège, y glisse en entier. La boue le gifle, l'aveugle, lui poisse les lèvres. Il jure, et se tait aussitôt, effrayé par sa propre voix. Au ras du sol, bien en retrait du chemin, une lumière tremble, si faible qu'en la regardant trop fixement elle échappe au lieutenant Michael. Le poste de secours. Un sergent, deux infirmiers, trois musettes de pansements...

« Matériel de fortune, a dit le sergent Schenke, mais mission de confiance, mes enfants. Laisser les grands blessés se débrouiller tout seuls, où ils seront. Soigner les bobos de ceux qui peuvent remettre ça immédiatement. On manque d'hommes. Faites-les durer le plus longtemps possible... »

À la tombée de la nuit, le lieutenant est venu donner des consignes supplémentaires. Il lorgne le soupirail éclairé, s'attarde à contempler cette clarté bienfaisante. S'il rendait visite au sergent Schenke, sans doute en profiterait-il pour avaler un verre de schnaps, et nettoyer ses lunettes qui ne lui servent plus à grand-chose. Il oblique vers le poste de secours, puis se ravise...

Le lieutenant Michael ne s'accorde plus le droit de penser à lui-même. Chaque minute compte. Les Russes ont projeté leur attaque pour les dernières heures de la nuit. Mais il faut s'attendre au furieux bombardement préparatoire qui obligera la division à se terrer, déjà vaincue, privée de tout contact entre unités, chaque homme, chaque officier occupé seulement, le nez dans la boue, à prier pour sa peau. Le lieutenant Michael ne s'interroge plus sur la pertinence de son acte. Tout lui a semblé logique, inéluctable. L'admiration qu'il portait à Stefan Volker s'est embellie, exacerbée. Il a résolu de sauver l'homme qui lui paraît être l'exception, qui a réalisé ses propres rêves, l'homme auquel il se fût identifié avec le plus d'orgueil. Certes, il éprouvait beaucoup d'estime pour le pianiste Hans Hertling, par exemple, et l'éventualité de sa mort le révoltait tout autant. Seulement, le lieutenant Michael n'avait jamais montré, dans ses rapports avec Hertling, le même ton amical, la même sollicitude qu'à l'égard de Volker. Il n'avait pas ressenti le besoin enthousiaste d'aller l'entendre et l'applaudir. Il n'eût point, en tout cas, comme pour Volker au stade de Stuttgart, aimé courir vers lui à l'issue du concert, afin de le féliciter fougueusement, toute réserve, toute pudeur oubliées...

Le lieutenant Michael ne s'inquiète pas de ce que son expédition aux premières lignes aura d'insolite. Il lui suffira de dire au sergent :

« Le soldat Volker doit se replier sur l'état-major. Ordre supérieur, Kolska... »

Et si le sergent s'étonne, en apparence, qu'il n'ait pas désigné l'agent de liaison pour une mission si simple, le lieutenant ajoutera :

« Sergent Kolska, je voulais vous adjurer une fois de plus de faire votre devoir. Retenez l'ennemi jusqu'à la limite de vos forces... Derrière vous, la défense est parfaitement organisée. Vos camarades se préparent à disputer le village pierre à pierre. »

Quelqu'un vient à la rencontre de Michael, à peine décelé au clappement des bottes dans les flaques et la terre humide.

« C'est vous, Scheffer ?

— Ici, caporal Kern, monsieur le lieutenant.

— Tout va bien, Kern ?

— On attend, monsieur le lieutenant. »

Hors du village, la nuit s'éclaircit. Michael allonge le pas, s'enfonce à travers la plaine invisible, silencieuse, et pourtant peuplée d'hommes aplatis dans l'ombre et le sol, tantôt au coude à coude, tantôt échelonnés, et seuls, la main collée au fusil mitrailleur. Toute une division éparpillée, répandue sur son cimetière selon une géométrie bien étudiée, et qu'on voudrait miraculeuse. À la droite de Michael, la section du lieutenant Bichler, borgne depuis Kharkov. À sa gauche, sur dix kilomètres de front, la 8e compagnie, capitaine Zirmann, qu'on a consolidée avec des renforts de toute sorte, des apprentis de dix-sept ans et d'autres qui vont être des vieillards. Devant lui, en éventail, sa section, dont les tranchées de soutien sont maintenant proches.

Remue-ménage à quelques mètres. Une silhouette soudain dressée. Un cri terrible, comme un coup de poing en pleine poitrine...

« Halte !

— Lieutenant Michael ! »

Le poste franchi, Michael distingue enfin la route de Friedland, les hauts arbres qui la jalonnent. Et brusquement une lueur blanche se lève au-dessus de la forêt, cerne les sapins d'un halo fumeux. La déflagration qui suit à quelques secondes s'étouffe à peine qu'une autre flamme gigantesque, rougeoyante, jaillit de terre à courte distance. Et tout se déchire, la nuit et sa quiétude, le sol et les hommes, dans un fracas surnaturel.

Le lieutenant s'est écrasé sur le chemin, brassant la boue qui vient gargouiller à ses oreilles. De tous côtés la plaine explose, s'éventre, éructe, se creuse et se secoue, agonise. Il croit qu'elle va se fendre en une faille énorme et l'engloutir, que ses remous ne s'apaiseront pas, que le monde entier bascule sous le plus grand cataclysme.

« Debout ! » crie le lieutenant Michael, comme s'il lançait un ordre à ses hommes.

Il se ramasse à genoux, se dresse, bras écartés. Il court, tantôt voûté, peureux, tantôt gesticulant, déployé, offert à tous les coups. Au loin, la forêt s'embrase sous les départs des canons russes. L'horizon tremble, devient mouvant, approche ou recule, hérissé de sapins fantastiques.

Le lieutenant Michael aborde la route de Friedland, indifférent à la marée qui l'entoure et le menace, aux rugissements du fer qui pénètre le sol, s'y dilate et se pulvérise, à toutes les rumeurs confondues qui naissent à chaque arrivée d'obus, les cris d'hommes, les commandements, les jurons, les hurlements de douleur et de panique dont le silence s'empare à la moindre trêve.

Voilà même qu'il discipline sa course extravagante. Il donne à ses bras, à ses jambes, un rythme régulier. Peu à peu sa foulée s'allonge. Il maîtrise les battements de son cœur, sa respiration bruyante. Il effleure la route, s'enlève à chaque contact. Trois foulées, une expiration, un appel d'air... Le claquement de ses bottes l'exalte, cadence que lui seul entend. Car le lieutenant Michael n'a plus rien à voir avec la guerre. Il est au-delà de ce champ de bataille où tant de gens s'appliquent à tirer d'affaire leur vaillance et leur soumission. Le lieutenant Michael dispute la grande épreuve de sa vie dans une apothéose délirante. Il est enfin l'athlète prestigieux qu'il savait en lui depuis toujours. Il est Stefan Volker...

L'éclat a ricoché sur son dos, l'entamant au-dessous de l'épaule. Le lieutenant Michael s'arrête, comme pétrifié, puis s'élance de nouveau à travers champs, droit sur les premières lignes. La terre gicle autour de lui, incandescente, pareille à la pluie de braises d'une forge dévastée. Il trébuche, piétine, roule au fond d'un entonnoir, le gravit en gémissant. Il entrevoit soudain des silhouettes au ras du sol, collées aux parois d'un abri. Les casques brillent au-dessus des visages qui semblent l'épier. Comme s'il redoutait que de là ne vînt un autre péril, que ses propres soldats ne se méprennent, il fuit la tranchée en hurlant :

« Lieutenant Michael ! Lieutenant Michael ! »

Devant lui, une excavation frangée de terre et de cailloux. Il la distingue parfaitement, il tend à l'éviter, de tout ce qui lui reste d'énergie et de bon sens, et s'abat au bord même, la face sur le remblai. Quelques secondes, le lieutenant Michael demeure immobile. Puis sa main monte à son visage, cherche les lunettes…

Il palpe la terre autour de son corps, s'arrête à chaque aspérité, explore le moindre trou, s'étire afin d'atteindre des limites extrêmes. Il tente de ramper, y renonce, autant parce que ses membres se rebellent, que par crainte de broyer sous lui ses lunettes. Il s'accroupit, pivote sur les mains et les genoux, et, sa figure frôlant la terre, commence de tourner lentement.

La flamme d'une explosion a décelé les verres et finit de s'y refléter. Mais le lieutenant Michael ne bouge pas. Appuyé sur les paumes, un genou au sol, il paraît attendre qu'un signal de départ le libère enfin. Seulement, qu'il ait retrouvé ses lunettes n'a plus d'importance. Il sait qu'il n'irait pas au bout d'un mouvement ébauché, que son corps percé d'éclats tient par miracle en équilibre, que ses muscles se sont rompus d'un coup, que tout son sang se perd. La douleur s'élargit sans violence, encore supportable, et le lieutenant Michael pense qu'il lui faut se coucher de tout son long pour se protéger d'autres blessures, peut-être pour mieux mourir. Il soulève une main, pose avec précaution l'autre genou, s'affaisse sur le côté. Au-dessus de lui, le ciel tourbillonne mêlé aux nuages incendiés, aux trombes de fumées qui l'assaillent. Le lieutenant Michael ferme les yeux. Il s'étonne de ne point souffrir trop, ou de si bien accepter son mal. Il se sent calme, délivré des forces stupides qui l'habitaient, heureux de retrouver le véritable lieutenant Michael, Ernst Michael, professeur de lettres au lycée de Fribourg…

Cette paix ne dure pas. Trop de souvenirs vont et viennent, qui cherchent à se détruire les uns les autres. Le lieutenant Michael s'acharne maintenant à se bien juger, à se confondre. Les intentions ne suffisent pas, quand l'idée naît en vous d'accomplir une grande chose. Et Ernst Michael a perdu bien du temps à vouloir convaincre l'adjudant Scheffer que rien ne convaincrait jamais, ni les pires souffrances, les siennes et celles de son prochain, ni la pire mort. Il a cédé trop facilement, une fois de plus, à la satisfaction de discourir, d'agiter de beaux problèmes, de généreux débats, comme à Fribourg, en sachant bien qu'ici, cependant, tout se vérifierait à l'aube. Il eût fallu bousculer sa panique, foncer sans réfléchir, ne pas tant essuyer ses lunettes et sa sueur…

« Trop tard, trop tard ! »

Sa bouche s'emplit d'une salive épaisse, plus fade et plus chaude. Il se redresse, prend appui sur les coudes, s'agenouille, se lève enfin, chaque geste longuement préparé. Et debout, tandis qu'une grande clarté l'environne, le lieutenant Michael crie sans que sa voix lui obéisse :

« Volker ! »

Le sergent Kolska a vu la silhouette immobile à vingt mètres de la tranchée. Il se retourne à peine, hurle en escaladant le remblai :

« Le lieutenant Michael ! Jochem et Schulz, à moi ! »

Puis il tombe à la renverse, dans la tranchée qui se referme sur lui.

~~QUEL QUE SOIT LE MAL~~

Prologue

Le lieutenant Michael ne cesse d'ôter et de remettre ses lunettes, d'en frotter les verres tantôt du coin de son mouchoir, tantôt du pan de sa vareuse. Il est maintenant appuyé au mur de la cave, reins creusés, jambes un peu fléchies, après avoir tâté de tous les endroits, de toutes les postures sans trouver le calme ou le sommeil. La tête à hauteur du soupirail, la nuque sur les barreaux, s'y meurtrissant même... Mais le froid du métal lui cause une jouissance brève, comme une boisson avalée d'un trait au terme d'une course rude.

Puis le lieutenant Michael se relâche, et continue de penser, immobile, la bouche entrouverte, les lunettes à bout de bras. Malgré la sueur qui le brûle. Malgré sa barbe de deux jours, insupportable, qui lui semble remplie de vermine.

Il se redresse, heurte la voûte, se retourne si brutalement qu'il cogne encore du front les barreaux.

- Scheffer !

A la première syllabe, l'adjudant a sursauté. A la

I

« Voilà une bonne nouvelle, dit Hagenstolz. Il y a des années, quatre au moins, que je ne l'ai vu, ce sacré Julius. La dernière fois, nous avions eu une prise de bec, au sujet de je ne sais quelle histoire, qu'il n'a pas dû oublier. Même avec la guerre, l'armistice, et tous les ennuis. J'ai appris, par hasard, qu'il avait délaissé l'athlétisme et juré ses grands dieux de ne jamais remettre les pieds dans un stade...

— C'est vrai, dit Voldemar. Et il tient parole, bien qu'on ait tout fait pour le convaincre qu'il avait tort, qu'il finirait par regretter sa décision, qu'il n'avait surtout pas le droit de se désintéresser de nos efforts à tous afin de rattraper le terrain perdu. J'étais prêt à lui abandonner le petit Schildern, auquel je crois, pourtant, et qui a dans les jambes le record d'Allemagne du 1 500 mètres. Je pensais que Julius l'admirait beaucoup, quoique nous n'ayons plus guère de conversations là-dessus. Il a refusé brutalement, à son habitude, criant qu'il était toujours capable, s'il le voulait, de sortir lui-même un garçon par ses propres moyens, sans l'aide de personne, et qu'il n'aimerait pas se contenter des restes. »

Hagenstolz tassait sa pipe à petits coups de doigt appliqués. Il releva la tête, son visage étroit, pointu, ridé davantage par un sourire tout de malice.

« Autrement dit, le vieil ours est toujours aussi susceptible et de plus en plus dangereux pour son entourage... Seulement, si nous n'avons pas été souvent d'accord, lui et moi, jamais en vérité, en ce qui concernait l'organisation du club, à Cassel, et pour bien d'autres choses en dehors de l'athlétisme, je reconnais que nous ne rencontrerons pas avant longtemps un entraîneur de sa taille. Je peux bien dire cela, Voldemar, sans risquer de te vexer, toi aussi ? Et que fait-il, à présent, Julius Henckel ? Rentier ?

— Il s'est retiré à Mielberg, à une trentaine de kilomètres de Heilbronn, et s'occupe de son jardin avec autant de passion que pour la course à pied. Il a rompu avec tout le monde du jour au lendemain. Plus de relations, plus de camarades, plus de déplacements. Je crois bien être le seul, aujourd'hui, à qui il accepte de donner un peu de son temps et de son amitié... »

Mme Voldemar entrouvrit la porte de la cuisine. La main très haut sur le front, elle tentait de dissimuler ses papillotes.

« Vous déjeunez avec nous, monsieur Hagenstolz, oui ? Peu de choses, vous savez. Hélas ! Maigre, maigre !

— Je vous remercie, honorable dame, répondit Hagenstolz en s'inclinant, la pipe vivement ôtée de ses lèvres. J'ai à faire à Fulda, et si je suis venu vous troubler de bon matin, c'est qu'il me semblait encore plus incorrect de ne pas profiter de ce voyage pour vous saluer et serrer la main à votre mari. Nous n'avons pas tellement d'occasions de nous voir, Voldemar et moi, depuis...

— Entre nous, dit Voldemar, il vaut peut-être mieux que Julius...

— Justement ce que je pensais ! s'écria Hagenstolz en riant. Et si j'ai parlé tout à l'heure de bonne nouvelle, admettons que l'habitude des réceptions, en tant que président de club, me souffle inconsidérément des formules toutes faites... »

Il alla secouer sa pipe au-dessus d'un cendrier, prit son chapeau sur une chaise, et, tourné vers la cuisine :

« Mes hommages, madame Voldemar. Ne vous dérangez pas, je vous prie... »

Puis, à Friedrich Voldemar qui s'interrogeait maintenant sur son propre savoir-vivre :

« Si tu le juges utile, dis malgré tout à Julius que nous serions heureux, à Cassel, s'il y venait un jour...

— Je n'y manquerai pas, dit Voldemar promptement. Au fond, Julius, c'est la crème des hommes. Sec, bourru, autoritaire, mais un cœur d'or et une honnêteté à toute épreuve... »

Hagenstolz ouvrit la porte, et recula en bredouillant presque...

« Bien content de vous revoir, Henckel...

— Moi pas ! dit Julius Henckel en avançant dans la pièce, deux gros paquets au bout de ses bras courts. Et si j'avais pu me douter, Friedrich, que cet incapable avait droit d'entrée chez toi... Est-ce que ça ne serait pas un guet-apens, par hasard ? Une machination de votre part à tous les deux ?

— Voyons ! » dit Voldemar.

Debout dans l'encadrement de la porte, Hagenstolz souriait, amusé en apparence de la gêne de Voldemar et par l'algarade de Julius Henckel.

« Je vous laisse, dit-il. Vous bavarderez mieux sans moi. Et si les oreilles me sifflent, mon cher Julius, je sais que je n'aurai pas à compter sur mes doigts comme les demoiselles... À bientôt, Voldemar. »

Au milieu de la salle à manger, Julius Henckel tournait ostensiblement le dos à la porte. Trapu, le torse énorme bourrant une veste mal ajustée, la tête massive, ossue, écrasée sur les épaules, quasi chauve, hormis une couronne de cheveux coupés ras, les oreilles larges et décollées, les bras écartés du corps par les colis volumineux, ses mains trop dégagées des manches, velues et veinées, serrées sur les ficelles, il ressemblait à quelque paysan solide, exceptionnellement attiré à la ville, qu'alourdissaient encore des habits de circonstance. Il était même tout à fait ce vieil ours auquel l'avait comparé Hagenstolz, bien qu'il fît seulement allusion au caractère, à l'insociabilité du personnage.

« Bonjour, Paula, dit Julius Henckel à Mme Voldemar qui arrivait de la cuisine. Tenez... Voilà des bricoles du jardin... »

Mme Voldemar s'arrêta, les mains jointes.

« C'est bien trop, Julius ! Helga et vous, vous ne savez quoi faire pour nous aider à passer les mauvais temps. Le mois dernier, quand nous avons reçu le sac de pommes de terre, j'ai dit à Friedrich : "Comment pourrait-on leur être agréables, une fois au moins ?" Nous sommes comme des enfants, Julius, des enfants qu'on comble de gâteries et qui se contentent de remercier avec des mines et leur plus gentil sourire...

— Parlez toujours, dit Julius Henckel en posant enfin ses paquets, je ne vous écoute point. Mais si vous voulez la vérité, Paula, j'y trouve largement mon compte. Le Bon Dieu ne m'inspire pas, oh ! non ! Je donne mes fruits et mes légumes à mes amis Voldemar, et j'entends Friedrich s'écrier au fond de lui : "Le vieux Julius ne se sent plus de force à fabriquer de bons coureurs à pied, mais il fait pousser les plus belles laitues et les meilleures poires que j'aie jamais mangées de mon existence. Il n'est pas fini, l'animal !" Ça suffit à mon orgueil, voilà tout. Vous ne me croyez pas, Paula ?

— Pas le moins du monde, Julius. Nous connaissons trop bien votre marotte, de vous faire plus méchant que vous ne l'êtes...

— En tout cas, votre grand cheval de mari sait comment me remercier, allez ! Il m'écrit de venir à Fulda le plus tôt possible, qu'il est impatient de me voir, qu'il a quelque chose d'important à me dire, et il me fourre sous le nez ce sale citoyen de Hagenstolz que je ne peux respirer à dix lieues et qui continue son chemin sur le dos des collègues... Ne baisse pas la tête, Friedrich... »

Voldemar avait un air contrit d'écolier en faute, mais, s'il pinçait les lèvres, c'était bien pour se retenir de pouffer, tant il s'attendait à l'une de ces scènes d'indignation familières à Julius Henckel, et qui le distrayaient fort quand il entrait enfin dans le jeu, après une période de trouble obligatoire, irréfléchie, pendant laquelle il se demandait invariablement si l'attitude de Julius prêtait ou non à équivoque.

« Je ne pouvais quand même pas le flanquer à la rue comme un pouilleux, dit-il. Il arrive. Il frappe. Bonjour, Voldemar... Je suis à Fulda en coup de vent... Bref. Toi, bien sûr, tu n'aurais pas mis de gants pour lui claquer la porte au museau. Mais tout en ne le tenant pas dans mon cœur, Hagenstolz, et en sachant bien que les scrupules ne l'étranglent pas, je suis obligé de faire bonne figure et de le ménager... Je n'ai pas pris ma retraite, moi, monsieur Julius Henckel. Et la fédération, c'est la fédération. On plaît ou l'on ne plaît pas. Je ne t'apprends rien, non ? Ce n'est pas tant pour moi, d'ailleurs, que pour les deux ou trois garçons qui me font confiance, sans se douter qu'il ne s'agit pas seulement de courir vite, et longtemps, pour que les lauriers vous tombent tout droit sur le crâne. Le plus fort, mon vieux, c'est que Paula l'avait invité à déjeuner, ton Hagenstolz !

— Tu vois bien, dit Henckel, on s'occupe de tes intérêts ! De quoi te plaindrais-tu ? Encore quelques cajoleries de ce genre à Hagenstolz... Pardon ! À M. le président Hagenstolz, et l'on fêtera ton titre d'entraîneur national...

— Quand vous aurez fini votre théâtre, dit Paula, Voldemar, nous penserons à manger. Quinze ans que je vous connais, Julius, quinze ans que je vous entends discuter avec Friedrich comme si vous alliez tôt ou tard vous attraper à bras-le-corps pour vous écharper ! D'abord, pourquoi n'avez-vous pas amené Helga ? La pauvre qu'on ne voit jamais, qui ne sort jamais de ses sapins !

— Elle cuit ses confitures, dit Julius. Et puis, pour être franc, ça me fait bien plaisir d'être un peu débarrassé d'elle.

— Plaignez-vous, vous aussi ! Une femme qui est toujours de votre avis, qui ne dit pas un mot plus haut que l'autre, qui craint toujours de contrarier son tyran...

— Justement ! dit Julius. C'est cela qui m'énerve ! J'aimerais mieux qu'elle me réponde, qu'elle me traite de toutes les manières, pour que je puisse lui répliquer à mon tour, de la bonne façon, et crier plus fort qu'elle... Est-ce que vous comprenez ça, Paula ?

— Pas du tout », dit Mme Voldemar.

Ils parlèrent de choses et d'autres en déjeunant, sans que Julius Henckel parût curieux d'interroger Voldemar sur les termes de sa lettre, l'affaire importante dont il avait à l'entretenir. De son côté, Voldemar hésitait à se lancer, redoutant un mauvais accueil, une repartie acerbe, ou ironique, qui l'eût privé de son aplomb, qui eût aussi – il songeait alors à sa femme – gâté le repas exceptionnel qu'ils savouraient.

Il lui fallait procéder avec précaution, mettre Julius en confiance.

« J'ai rencontré Holweg, dit-il, qui m'a d'ailleurs demandé de tes nouvelles. Voilà un brave type, non ? Tu avais pour lui beaucoup d'estime, dans le temps, si je me souviens ?

— Dans le temps, oui, répondit Henckel. Mais je l'ai perdu de vue depuis la fin de la guerre. J'ignore même s'il est toujours à Berlin et s'il s'intéresse encore à l'athlétisme. À l'époque, il avait un élève, un génie – c'est lui qui le disait – qui devait un jour ou l'autre jeter le javelot à plus de quatre-vingts mètres...

Un nommé Sturmboeck... Ou Steinbrück... Je ne sais plus... “Vous verrez, Henckel, ce garçon-là sera champion du monde. Et les Finlandais pourront se brosser pour lui reprendre le record...” J’ai lu, par hasard, il n’y a pas longtemps, que le Steinbrück en question avait fait cinquante-cinq mètres dans un championnat régional, battu par deux ou trois bonshommes un peu plus doués, et j’ai conclu que le brave Holweg s’était mis le doigt dans l’œil avec son génie...

— On se trompe souvent, dans notre métier, dit Voldemar. Personne ne peut se vanter de n’avoir pas eu au moins une petite déception. La preuve, c’est que j’étais prêt à parier mes économies sur Hans Binkmann, le cultivateur de Godelheim... Il est vrai que tu m’as ri au nez quand j’ai parlé de le sortir. J’ai voulu, pour une fois, me montrer plus têtu que tu ne l’es, et ça ne m’a pas réussi... »

Penché sur son assiette, Julius Henckel mordait furieusement son gâteau de seigle. Il regarda Voldemar du coin de l’œil.

« Oh ! s’écria Voldemar, il me semble bien que toi aussi, un jour... »

Puis, il s’interrompit, sentant que la conversation tournait mal.

« Moi aussi, un jour... ? répéta Henckel, cessant de mastiquer. Vas-y, Friedrich...

— Pas la peine, dit Voldemar. Revenons plutôt à Holweg. Je l’ai donc rencontré, au début de cette semaine. Nous avons bavardé... Et, en bavardant... Avant tout, Julius, je te demande une grande chose : laisse-moi aller jusqu’au bout. Après, tu m’engueuleras à ton aise, ça m’est égal. Nous sommes d’accord ?

— Je me méfie, dit Henckel. Il faut qu’elle soit rudement bizarre, ton affaire, pour que tu fasses tout ce manège...

— Quel homme, mon Dieu ! dit Paula Voldemar. Il ne cédera jamais. Ne te soucie pas de lui, Friedrich...

— Eh bien, dit Voldemar, encouragé, c'est au sujet de Volker. Holweg m'a juré l'avoir aperçu devant la gare de Munich, en train de vendre des journaux... »

Julius Henckel avait dénoué sa serviette. Il la posa sur la table, et sa grosse main écrasant le tissu :

« Si tu revois Holweg, tu lui diras qu'il garde ses contes pour lui. Tu m'entends, Voldemar ? Quant à toi, je t'avais défendu de me parler de Volker, plus jamais, pour quoi que ce soit. J'ai bien mérité qu'on me fiche la paix avec ça, il me semble ! Je n'en ai pas assez bavé, peut-être ? Je n'ai pas assez souffert ? De temps en temps, il faut encore qu'on s'amuse à m'asticoter, à me rappeler ce que je m'esquinte à vouloir oublier ! Ce que j'avais fini par oublier ! Tu es stupide, Friedrich. Stupide d'avoir cru aux boniments de Holweg, encore plus stupide de me les rapporter... »

Il ne criait plus. Sa voix s'était peu à peu assourdie, et la réprimande y gagnait une telle amertume que Voldemar et sa femme en furent bouleversés. Machinalement, Voldemar jouait avec les miettes de son gâteau. Il releva la tête. Son regard chercha celui de Paula, attristé, puis se tourna vers Julius Henckel qui s'essuyait les lèvres, le menton enfoui dans la serviette.

« Sois raisonnable, Julius, dit-il doucement. Comprends que ce n'est pas pour te torturer que je t'ai raconté ça... J'ai pensé qu'il fallait ne rien négliger, que tous les renseignements avaient leur importance, que Holweg, pour sûr, n'aurait pas avancé une chose pareille sans certitude... Je t'assure, Julius, qu'il n'avait pas l'air de plaisanter...

— Il ne manquerait plus que ça ! dit Henckel. Mais, bon Dieu, est-ce que je n'ai pas tout fait, moi, pour le retrouver,

Stefan ? Est-ce que j'ai ménagé ma peine, mes pas, mes jours et mes nuits, pour obtenir tous les renseignements possibles ?

— Oui, Julius, dit Paula. Seulement, vous n'avez jamais eu la preuve de sa mort. À la Croix-Rouge, on vous a toujours conseillé d'attendre sans perdre espoir. Qu'il se pouvait que Volker, comme tant d'autres, eût été fait prisonnier, et qu'il était difficile de savoir combien de soldats portés disparus...

— Nous sommes en 1947, Paula, dit Henckel, l'interrompant. Il y a deux années pleines que la guerre est finie. Deux années pendant lesquelles je n'ai cessé de courir de bureau en bureau, d'écrire à droite et à gauche, sans jamais rien recevoir de précis de la part de gens qui faisaient vraiment tout pour m'aider, et vous voudriez que j'accepte cette histoire de bon cœur, que je bondisse à la gare de Munich pour dire à Volker : "Je viens d'apprendre que tu étais là. Je suis bien heureux de te revoir, mon garçon. Mais un peu vexé, quand même, que tu aies oublié mon adresse. À part ça, comment va la santé ?"

— Bien sûr, ça me paraît bizarre, à moi aussi, dit Voldemar. Mais s'il avait perdu la mémoire, Stefan ? S'il avait été blessé gravement, s'il avait traîné d'hôpital en hôpital sans plus rien connaître de lui ni de personne ? Il y a eu des milliers et des milliers de cas de ce genre. Ç'a été une guerre terrible. Elle nous a apporté tant de surprises, qu'il vaut mieux ne s'étonner de rien, encore aujourd'hui. Pour nous, Julius, cette guerre-là n'est pas près de se terminer. Pour toutes les familles démolies, du moins, dont les survivants se cherchent comme des aveugles, et meurent à petit feu d'espérer toujours sans rien voir venir, la plupart, que des avis de décès à retardement...

— Alors ? dit Julius Henckel, avec hargne.

— Alors, tu n'as pas le droit d'abandonner cette chance, si bête que tu la croies. Holweg m'a dit : "Sur le coup, je n'ai pas pensé plus loin. L'allure du bonhomme, ses épaules un peu voûtées, son visage me rappelaient quelque chose. Mais nous étions pressés, ma femme et moi. Ce n'est que dans le train que le rapprochement s'est fait. Brutalement, avec une telle netteté que j'ai crié : 'C'est Stefan Volker, bonsoir ! Stefan Volker qu'on avait dit mort en Prusse-Orientale...' En même temps, je revoyais la tête du pauvre bougre avec ses journaux... Stefan Volker, oui ! Mais dans quel état, Voldemar ! Une loque, mon vieux, une loque !" »

Julius Henckel allumait une cigarette. Il en tira deux bouffées, l'éteignit aussitôt en l'aplatissant dans son assiette, regarda longuement ses doigts noircis de cendre.

« Holweg a rêvé. Et bien que je n'aie jamais autant souffert de mon existence depuis ce jour-là, je préfère encore rester sur les paroles du chef de l'office, à Berlin. Lui m'a convaincu, Voldemar. Ce qu'il m'apprenait ne reposait pas sur des impressions, des suppositions, des rapprochements. Le régiment de Volker avait été bel et bien nettoyé autour de Friedland, et il était certain que les Russes n'avaient pas eu la bienveillance de donner aux prétendus disparus une autre destination, plausible, pour que leurs familles, comme tu disais, tiennent le coup en espérant un peu plus ou un peu moins chaque jour. Stefan est mort. C'est dommage. J'ai failli crever, moi aussi, quand j'ai compris qu'il n'y avait plus rien de bon à attendre du hasard. Faites comme moi, tous les deux. Arrangez-vous pour n'y plus penser. À la longue...

— Pourtant, Julius... », dit Voldemar en lui touchant le bras.

Paula l'arrêta d'un geste.

« Un peu d'eau-de-vie, Julius, comme d'habitude ?

— Bien volontiers », répondit Henckel. Et son sourire semblait sincère.

Quand il s'en alla, au milieu de l'après-midi, Voldemar dit en lui serrant la main :

« Que comptes-tu faire, Julius, franchement ?

– Acheter des graines à Fulda, reprendre le train pour Mielberg, dîner et dormir…

– Comme tu voudras, dit Voldemar. Mais que ça te plaise ou non, j'en aurai le cœur net. J'irai à Munich, moi !

– Après tout, dit Julius Henckel, si tu as du temps à perdre… »

Tassé sur la banquette dans un angle du compartiment, bras croisés, Julius Henckel paraissait assoupi. Cependant, il ouvrait parfois les yeux, regardait un instant la campagne, les fermait à nouveau, et sa respiration forte finissait par amuser les voyageurs. À Würtzbourg, où il devait changer de train, il ne broncha pas. Tandis qu'on annonçait le temps d'arrêt en gare, il prit son chronomètre dans sa poche de gilet, le déclencha, puis attendit, les bras encore croisés sur la poitrine.

Ce chronomètre était pour Henckel un indispensable accessoire de vie, l'objet le plus précieux qu'il eût jamais possédé, le témoin surtout d'une fameuse période de travail. Ayant résolu de ne plus s'occuper d'athlétisme, Henckel avait un jour rangé son chronomètre dans l'armoire sous une pile de draps. Le lendemain, il allait l'y rechercher, malheureux comme un enfant avec son jouet confisqué. Quoique en toute chose son énergie fût grande, il n'avait pu supporter ce supplice, la main tâtant souvent sa poche, et retombant, ridicule. Il s'en servait depuis naïvement, sans rien vouloir contre cette manie, comblé de sentir dans sa paume le poids sympathique, d'en modeler les formes doucement, de jouir de la docilité du mécanisme. Il mesurait des temps imaginaires, revivait certaines performances, donnait le départ à des coureurs qu'il avait entraînés, disposait d'eux et de leurs records à sa guise. Ou bien, pour exercer sa perspicacité, sa mémoire, il libérait la « trotteuse », l'arrêtait, le chronomètre toujours en poche, et évaluait le chemin parcouru, ravi lorsqu'il tenait son temps de 800 ou de 1 500 mètres à une seconde près. Un gamin sprintant dans une rue de Mielberg, lui-même allant aux commissions ou se faisant la barbe, tout lui était bon pour presser le déclic et regarder sautiller l'aiguille. Sa femme encourageait ce vice gentiment, à l'occasion de travaux de cuisine délicats. Pour les œufs à la coque, par exemple...

Le train démarra. Julius Henckel glissa le chronomètre dans son gilet et s'affaissa un peu plus sur la banquette. Il s'apprêtait à s'endormir, mais il pensa, soudain qu'il aurait dû prévenir Helga. Cette idée le tourmenta un moment, puis il se dit qu'il lui serait peut-être possible d'envoyer un télégramme de la gare d'Ansbach, et qu'après tout Helga le connaissait assez pour ne pas s'inquiéter...

II

Stefan Volker avait seize ans quand Henckel le vit à Paderborn pour la première fois, à l'arrivée d'un cross de trois kilomètres, au parcours âpre, mais sur un terrain sec, encore gelé bien qu'on fût en avril. En tête dès le départ, Volker venait de battre deux cents concurrents de son âge, sans jamais peiner, et Julius Henckel, invité par des dirigeants au banquet d'inauguration d'un club, regardait ce garçon maigre, aux jambes, aux bras interminables, au maillot lâche déformé par les os pointus, regagner le vestiaire en trottant, après quelques claques affectueuses des officiels sur ses épaules étroites.

« Vous le connaissez ? demanda Henckel à son voisin, un vieil homme myope et rabougri, autrefois sauteur renommé, maintenant trésorier d'un club de la région.

— Un gamin de Bielefeld... Il a déjà enlevé le cross des cadets, dimanche, à Bochum. Vous plaît, hein ? Bonne allure ?

— Oui, dit Henckel, bonne allure... »

Il alluma une cigarette, vint rôder près des vestiaires, aborda Volker lorsqu'il en sortit, encore plus frêle, plus dégingandé sous son costume de confection modeste.

« Je t'ai vu courir, lui dit Henckel. C'est bien. Il faut continuer et travailler. Comment t'appelle-t-on ?

— Stefan Volker... Je suis de Bielefeld, monsieur...

— Et que fais-tu, à Bielefeld ?

— J'apprends le dessin, monsieur, pour pouvoir entrer dans une usine, après...

— Pas mauvais. Tu ne te fatigueras pas trop, et tu auras toutes tes forces pour courir. Si tu es raisonnable, Volker, si tu ne fais pas d'imprudences, si tu sais te conduire dans la vie, manger sagement, boire encore moins, te coucher de bonne heure, tu iras loin... Tu iras même très loin.

— Vous croyez, monsieur ?

— Mais le cross, un peu plus tard, il faudra laisser ça de côté. Ton avenir, à toi, c'est le demi-fond. 800 ou 1 500... Les deux, peut-être... On verra. Commence à tourner, le mois prochain. Tout seul. Sans trop pousser. Dans un an, tu appuieras un peu plus. Et si tu as toujours envie de faire quelque chose, si tu te souviens de moi, aussi, tu viendras me dire bonjour à Cassel. Tu ne le regretteras pas. Moi non plus. Ça t'intéresse ?

— Oui, monsieur.

— Monsieur Henckel. Je suis entraîneur et...

— Je m'en doutais bien, monsieur Hencke ! » s'écria Volker, et il tapait du genou dans sa petite valise, en se dandinant.

Henckel inscrivit son nom et son adresse sur une page de carnet.

« Mets-ça dans ta poche, dit-il à Stefan Volker, et jettes-y un coup d'œil de temps en temps. Au revoir, mon garçon. »

Volker lâcha sa valise, se précipita sur la main qu'on lui tendait.

« Je suis content, je suis content, monsieur...

— Pas boire, surtout, dit Henckel en partant.

— Je ne bois que du lait, cria Stefan Volker. Alors !

— Eh bien, pas trop quand même », répondit Julius Henckel, criant lui aussi.

À la fin de la saison suivante, un samedi d'octobre, Stefan Volker frappait à la porte de Julius Henckel.

« Je te félicite, dit Henckel, et je te remercie de tes lettres. Maintenant, tu m'appartiens et je vais m'occuper de toi comme tu le mérites. Que tu aies couru un 800 en 1 minute 58 secondes, et que tu sois largement le premier de ta catégorie sur le bulletin de la ligue ne m'étonne pas du tout. Ce qui me surprend, c'est qu'il n'y ait pas eu quelqu'un d'assez malin pour te sauter au col et te garder sous sa coupe... On s'en mordra les doigts...

— Oh si ! dit Stefan Volker. Mais je pensais à vous, monsieur Henckel. Et puis, moi, quand je promets quelque chose, vous savez...

— Alors, dit Henckel, on est sûrs de bien s'entendre, tous les deux. »

Stefan Volker était en apprentissage au bureau d'études d'une fonderie de Bielefeld. Sa mère, veuve d'un employé des chemins de fer, tenait à conserver près d'elle son fils aussi longtemps qu'elle le pourrait. Julius Henckel se soumit, renonçant à faire entrer son élève dans un atelier de Cassel et à le prendre chez lui en pension. Alternativement, Henckel et Stefan Volker allèrent d'une ville à l'autre, afin que l'entraînement fût régulier, qu'il ne souffrît pas du moindre défaut de surveillance et de conseils. Puis, Stefan ayant été incorporé dans une organisation de jeunesse, Henckel craignit qu'avec les circonstances on ne l'enlevât tôt ou tard à sa tutelle pour une autre bien moins efficace.

Tâchant de limiter les risques, il obtint ainsi l'affectation de Volker, à l'appel de sa classe, au service cartographique de l'armée. Rassuré à demi, Henckel souhaitait cependant que la guerre ne s'éternisât pas outre mesure.

Une fois de plus, sa perspicacité, son flair n'avaient point trahi sa réputation d'entraîneur remarquable, aux méthodes infaillibles mais draconiennes, dont profitaient quelques athlètes parmi les plus grands d'Allemagne. Stefan Volker lui apparaissait même comme une nature d'exception, capable de bouleverser les pronostics les moins timorés, sa plus belle découverte en tout cas. En deux saisons, il avait fait de Volker un coureur de 800 mètres auquel peu d'hommes dans le monde, à l'heure présente, eussent résisté. En Allemagne, seul Rudolf Harbig lui était alors supérieur. Mais Julius Henckel soutenait devant les connaisseurs, à Cassel, que « son garçon, un beau jour, laisserait tous les spécialistes derrière lui, et Rudolf Harbig comme les autres ». On souriait un peu. Discrètement, pour ne pas vexer cet homme susceptible et parfois brutal.

« Vous oubliez tous, disait Henckel, que Harbig avait déjà vingt ans quand il gagna son premier 800 mètres, en 2 minutes 4 secondes. Il lui fallut cinq années pour approcher les 1 minute 50 secondes, à Mannheim. Mon Volker, lui, en deux saisons, passe de 1 minute 58 secondes à 1 minute 50 secondes 2/10. Et il n'a que dix-neuf ans ! Un écolier verrait tout de suite, par une simple règle de trois, que la comparaison n'est même pas possible. Dommage, messieurs, qu'en ce moment les performances sportives soient mises un peu à l'écart. Dommage, oui ! La dernière course de Volker, à Stuttgart, ses 1 minute 50 secondes 2/10, est-ce que ça ne valait pas une belle manchette dans tous les journaux ?

— Vous avez peut-être raison, Henckel, répondit Hagenstolz. Tout cela est très joli. Stefan Volker est une sorte de phénomène, personne n'en disconvient. Je crois avec vous qu'il peut fort bien inquiéter Harbig sur la distance, et le battre une fois, à la rigueur. Mais quant à faire mieux que son record du monde, c'est une autre histoire. Je reprends votre démonstration, si vous me le permettez, Henckel, et je dis qu'un écolier verrait tout aussi bien qu'entre les 1 minute 50 secondes 2/10 de votre champion et les 1 minute 46 secondes 6/10 de notre grand Harbig, il y a une sacrée marge que ni Volker ni aucun autre coureur, anglais ou américain, pour ne parler que de ceux-là, ne franchiront jamais. Volker est un phénomène, je vous l'accorde. Mais Harbig est un surhomme. Voilà toute la différence. »

Hagenstolz était alors secrétaire du club de Cassel. Julius Henckel l'aimait peu, pour ses façons hypocrites, ses menées sournoises au sein de la ligue d'athlétisme, une ambition sans retenue, ses procédés inélégants afin d'arracher à d'autres clubs certains éléments de choix.

« Je me fous de votre opinion, dit Julius Henckel. Vous n'y connaissez rien. Qu'est-ce que vous pouvez savoir de la valeur de Volker et de celle de Harbig, hein ? Ce n'est pas parce vous allez une fois par an sur un stade, avec votre costume des dimanches, faire le beau dans la tribune officielle et baver sur nous tous à droite et à gauche, qu'il faut vous croire qualifié maintenant, pour discuter 800 mètres avec des airs de professeur d'université ! Je répète ce que j'ai dit : Volker sera le plus grand coureur de 800 que vous ayez jamais vu, Hagenstolz. À moins...

— À moins, oui, dit Hagenstolz avec un sourire, que le vent ne tourne et qu'on n'ait besoin de lui ailleurs qu'à Berlin, dans son petit bureau confortable... Car, entre nous, Henckel, l'Allemagne veut aujourd'hui autre chose que d'excellents coureurs. Et Harbig l'a bien compris, qui n'a pas hésité à s'engager, le moment venu. Que vous ayez tout fait pour planquer votre chouchou nous étonne tous, vos amis et moi. Dans ces conditions, Stefan Volker finira bien par gagner toutes ses courses, en effet !

— Je vous revaudrai ça, Hagenstolz, dit Julius Henckel, furieux. Et si je n'avais pas peur de... »

Un coup de coude de Voldemar l'avait heureusement empêché de prolonger le débat.

Huit jours plus tard, Stefan Volker écrivait à Julius Henckel qu'affecté à un régiment d'infanterie il partait le lendemain pour la Saxe.

« Nous devons ça à Hagenstolz, dit Henckel à sa femme. Il s'est vengé de moi comme il a pu, l'animal. Mais, cette fois, je vais le cingler comme il le mérite. Je me fiche bien de ce qui arrivera, à présent... »

Il fallut toute la persuasion de Helga pour le retenir. Elle le supplia d'attendre que sa colère fût un peu calmée. Elle savait que Julius ne déguisait jamais ses sentiments, que sa franchise, quoi qu'elle concernât, était redoutable, qu'elle lui avait valu bien des inimitiés, et qu'il comptait en somme plus d'ennemis que de partisans. Elle non plus n'aimait guère Hagenstolz. Son obséquiosité à son égard, en quelques rares circonstances, et qui était une forme de galanterie ridicule, l'avait toujours irritée. Cependant, elle ne pouvait croire à tant de perfidie, de méchanceté consciente. Selon elle, la mutation de Stefan dépendait uniquement du commandement militaire. Des événements qu'ils ignoraient encore l'expliquaient sans doute. Leur ami Voldemar ne venait-il pas d'être mobilisé, bien qu'il eût près de cinquante ans, pour garder les prisonniers dans un camp d'Autriche ?

Julius Henckel n'admit point d'emblée ces raisons. Il demeura même convaincu que Hagenstolz, par jalousie ou rancune, avait usé de sa mauvaise influence, et l'affectation imprévue du secrétaire du club, six mois plus tard, à une compagnie de travailleurs, ne changea en rien son jugement.

D'un caractère difficile, Julius Henckel devint jour après jour intraitable et renfrogné. L'absence de Volker, ses conditions de vie, les risques qu'il courait, tout l'incitait à se plaindre comme d'une maladie dont la douleur s'accroît par accès. Il était envers sa femme d'une injustice qui touchait à la férocité, l'accusant de ne pas partager son tourment, de ne rien comprendre à ses craintes. Sa force d'âme, sa résignation devant le fait accompli ou la fatalité, l'excédaient, avivaient son aigreur.

« Tu n'imagines donc pas ce qu'il doit endurer ? dit-il, alors qu'elle l'exhortait encore à se vaincre, lui qui, d'habitude, exigeait tant de ses élèves. Penses-tu seulement quel malheur, quelle perte ce serait s'il lui arrivait quelque chose ? La moindre blessure, un muscle atteint, et tout notre travail, pendant des années, n'aurait servi à rien. Tout serait fini, Helga. Stefan, c'était ma plus belle trouvaille, la perle de ma carrière. Jamais on ne reverra un athlète pareil, avec autant de moyens, autant de classe... Je tiens à lui, moi ! Bien sûr, tu lui en voulais de m'accaparer, de me prendre tout mon temps, de m'enlever à tes petits soins de vieille femme. D'abord, tu n'as jamais pu supporter notre métier... Te voilà débarrassée, maintenant, bien contente au fond...

— Comme tu te trompes ! répondit Helga. Je l'aimais, Stefan. Mais pas à ta manière. Pour d'autres joies que les tiennes... De nous deux, Julius, c'est bien toi le plus égoïste. Tu ne vois en Stefan que ton coureur à pied, tu ne penses qu'à tes propres satisfactions, et c'est ton orgueil et ta vanité qui te font souffrir. Qu'aimes-tu, toi, en ce jeune homme ? Ses jambes ses muscles, son cœur aussi, mais parce qu'il bat moins vite que celui des autres, qu'il est anormal, comme tu disais. La mort de Stefan – que Dieu le préserve, le pauvre enfant ! – tu en as peur parce qu'elle t'empêcherait d'aller au bout de tes projets, de prouver à tout le monde que tu as eu raison, que tu as toujours raison, que le plus grand coureur c'est toi qui l'as découvert et fait à ta façon. Est-ce que tu te soucies de sa mère, Julius ? Du chagrin de cette femme qui n'a plus que lui, et qui l'aime, elle, tel qu'il était en naissant, sans la gloire, sans sa photographie et son nom dans les journaux, simplement parce qu'il est son fils ? Tu t'en fiches bien, n'est-ce pas ? L'important, c'est que Stefan revienne bientôt, sain et sauf, et qu'il se remette à ta disposition, pour qu'un jour on puisse dire : "Ce Julius Henckel, quel homme, quel entraîneur ! C'est bien grâce à lui..."

— Ne dis pas de bêtises, Helga ! J'aime Stefan comme s'il était mon garçon... Parce qu'il est droit, honnête, intelligent...

— Ce n'est pas vrai, Julius ! Mais, moi, c'est ainsi que je l'aime. »

Henckel écrivait régulièrement à Stefan, s'obstinait à veiller sur lui, à le guider, à le conseiller, avec beaucoup de puérilité parfois, comme si toute expérience personnelle lui eût fait défaut, comme s'il ne se souvenait plus de ses déboires durant l'autre guerre... Qu'il se protège surtout du froid et n'ait pas honte à utiliser les tricots, les jambières et les genouillères qu'on lui expédiait. Qu'il se frictionne matin et soir avec telle huile, tel onguent qu'on lui faisait parvenir, en particulier les articulations. Rien n'était à redouter plus qu'un rhumatisme ou quelque affection respiratoire... Il lui fallait aussi refuser la nourriture indigeste, et se contenter des colis qu'il recevait de Helga. Ne pas prendre de mauvaises habitudes. Se laisser aller, par exemple, à fumer ou à boire de l'alcool... Souvent, Julius Henckel ajoutait : « Ne t'expose pas sottement, Stefan. Tu n'as pas à être volontaire pour quoi que ce soit. Abandonne cela à ceux qui n'ont rien d'autre de mieux à faire... » Sans même songer un instant à l'imprudence de pareilles déclarations, si la censure s'en mêlait.

En même temps que Julius apprenait l'arrivée de Volker en Prusse-Orientale, et l'annonce de combats violents livrés aux Russes en maint endroit par les troupes allemandes, les bombardements redoublèrent sur Cassel. Jour et nuit, c'était dans toute la ville, dans chaque immeuble, une cavalcade éperdue de gens fuyant vers les abris, la tête basse, le dos rond, les bras serrés sur de maigres choses, ou traînant et portant des enfants que plus rien n'étonnait. Embrassés, et meurtris au mur de la cave, Julius et Helga Henckel écoutaient grandir le vacarme, s'affronter les plaintes aiguës de sirènes, les claquements de la D.C.A., les chuintements des bombes, leurs grondements, leurs rugissements qui gonflaient la terre comme des bêtes monstrueuses, surexcitées, frayant leur chemin dans les ténèbres.

« C'est notre fin, murmurait toutes les fois Helga. Il ne restera rien de notre pauvre ville...

— Tant mieux, disait Henckel entre ses dents. Qu'ils nous écrasent, qu'ils démolissent tout ! Le plus vite possible. Et que cette guerre se termine d'une façon ou d'une autre... »

Il n'avait jamais été un patriote très actif, ou seulement convaincu. Pour lui, le sport et la politique ne pouvaient que difficilement se concilier. Il approuvait les progrès, les aménagements techniques, se félicitait qu'on construisît des stades modernes, des pistes parfaites, qu'on donnât aux jeunes gens le goût de la compétition athlétique, et surtout des moyens d'entraînement, mais il trouvait ridicules, sinon fâcheux pour le sport même, la mise en scène et l'apparat des grandes manifestations, cette profusion d'hymnes et de bannières, les rivalités où l'amour-propre national fût uniquement en jeu.

Tout aussi bien, il eût aidé de ses conseils et de son savoir des athlètes français, anglais ou américains, et admis alors, en tirant autant de gloire, qu'un d'eux pût détrôner quelque champion allemand estimé.

Aujourd'hui, plus rien ne comptait hormis Stefan Volker, les périls qui l'entouraient, et Julius Henckel ne balançait pas, pour sa sauvegarde, entre le destin d'un seul homme et celui de son pays. On rebâtirait Cassel, Dortmund, Dresde et Hambourg, on comblerait peu à peu toutes les ruines, on édifierait d'autres stades, tôt ou tard, d'autres enfants naîtraient, qui feraient sans doute oublier les morts, mais il n'était pas sûr que vînt un jour un autre Volker, aussi doué, aussi remarquable, pour empêcher qu'on ne regrettât le premier éternellement...

La situation bientôt s'aggrava. De France, de Belgique, de Hollande, les troupes avaient afflué, repassant leurs frontières dans un grand désarroi. Cernée, puis envahie de toutes parts, l'Allemagne résistait pourtant, sans qu'on sût bien si ces efforts, ces sacrifices désespérés auraient leur récompense. Des mois durant, Julius Henckel attendit en vain des nouvelles de Volker. Mais d'autres préoccupations, d'autres épreuves l'atteignaient, qui l'obligeaient, bon gré mal gré, à plus de mesure et de résignation. Les bombardements accrus, les combats autour de Cassel, l'installation des unités américaines...

L'armistice enfin signé, Julius Henckel crut, ou voulut croire au retour prochain de Stefan. Il passait ses journées dehors, en quête de rumeurs, d'indications, de renseignements plus ou moins autorisés, errait parmi les masses de gens confondus, prisonniers de guerre de tous bords, travailleurs, soldats allemands démobilisés, occupants de toutes armes, civils effarés, anéantis, qui allaient et venaient, parfois sans but et sans raison, mais profitant de ce répit total dans un déferlement d'exode.

Des uns, il apprit que la division de Volker avait été massacrée, pilée jusqu'au dernier homme après une suite d'engagements honteux, à un contre dix, des pays baltes à la Pologne. D'autres, que les survivants, regroupés en Poméranie, étaient prisonniers des Russes, et qu'on les employait à déblayer les décombres dans quelque ville de Hongrie ou d'Autriche. Souvent, de loin, il distinguait une silhouette familière, s'apprêtait à crier, à faire un geste de reconnaissance, puis, s'apercevant de sa méprise, jurait à voix haute, maudissant tout et lui-même à la fois.

Il résolut d'aller à Bielefeld, mit une semaine pour y parvenir, à pied. Mais la mère de Stefan était morte dans un bombardement, quinze jours avant l'armistice. Une tante, lui dit-on, habitait un village près de Göttingen. Il s'y rendit, tomba dans une bamboche entre soldats d'occupation, et ne sut jamais ce qu'était devenue cette tante ou sa famille.

Helga s'efforçait de soutenir Henckel dans ses recherches. Elle rentrait chaque soir à bout de courage, lasse de courses vaines, de démarches inutiles, d'avoir questionné tant de gens indifférents ou excédés, d'avoir lu et relu les listes interminables et sursauté trop de fois à certaines similitudes de noms.

Elle retrouvait Julius assis près de la fenêtre le plus souvent, les coudes sur les genoux, le visage dans ses mains.

« Eh bien, disait-elle, que fais-tu là, tout seul, dans le noir ? »

Julius bougeait à peine.

« Rien, répondait-il. Rien. J'attends... »

III

Henckel poussa la porte d'une salle mal éclairée, aux fenêtres entretoisées de planches grossières. Du plafond, autour des solives à nu, pendaient des stalactites de plâtre et d'étoupe. Mêlées aux bagages, des formes indistinctes s'échelonnaient sur les banquettes. Le contreplaqué de la porte vibra longtemps, et la fresque parut s'animer. Des têtes surgirent, d'hommes et de femmes, hirsutes ou encapuchonnées, puis retombèrent aussitôt, comme des personnages d'un jeu forain.

Julius Henckel hésita, faillit ressortir pour recommencer de marcher dans le hall, d'arpenter la gare en tous sens, soudain furieux d'avoir cédé à une inspiration extravagante, ou de ne s'être pas repris au bon moment.

Huit heures de voyage, d'un voyage morne, exténuant, dans un wagon rafistolé, avec des ralentissements, des arrêts incompréhensibles aux approches des villes, des ponts, des tunnels, des moindres obstacles... Et l'arrivée en pleine nuit dans une gare qu'il ne reconnaissait pas, démantelée, ouverte à tous les vents, grotesque sous sa carapace de palissades, ses coffrages énormes, le hérissement des poutrelles tordues, brisées, de sa verrière béant sous le ciel...

Maintenant il avait faim, la fatigue l'alourdissait, et l'insanité de sa conduite lui apparaissait de plus belle. Quoi faire ? Déambuler d'une entrée à l'autre, attendre, épier indéfiniment, jusqu'à ce que le hasard voulût bien se mettre de son côté ? Puis, en cas d'échec aujourd'hui, perpétuer cette faction comme un policier sur une piste douteuse ? À moins de se risquer à fouiller Munich de fond en comble, d'hôtel en hôtel, cave après cave, ruine après ruine, aux trousses d'un fantôme ?

« Je cherche un nommé Volker, Stefan Volker... Vendeur de journaux... Grand, blond, très maigre... Est-ce que... ? »

Il irait à l'hôtel de ville, alerterait les syndicats, les organismes responsables, réclamerait l'aide des Américains... Pourquoi pas ? Il s'acharnerait encore, comme il l'avait fait des mois durant. L'habitude... Et l'on finirait par le renvoyer à son point de départ, à son jardin de Mielberg qu'il n'aurait jamais dû quitter, avec une formule trop simple, hors d'usage, où la pitié prévaudrait sur la sympathie...

Henckel s'était assis sur la banquette, près d'une femme qui somnolait, les bras étendus devant elle, les poignets serrés dans un chapelet comme dans des menottes. Un homme se leva. Il avait une jambe coupée au ras du tronc, mais il ne prit point les béquilles posées sur son *rücksack*. À cloche-pied, il alla claquer la porte, revint s'allonger en jurant. Henckel sentit son visage le brûler. Il eut un geste de colère, sa main s'écarta sur son genou. Il tentait de se souvenir si la porte était ou non entrouverte à son arrivée. Puis, ses yeux ne quittant pas le mutilé qui fumait, à demi couché, appuyé sur un coude, Henckel ne pensa plus qu'à Stefan Volker. Peut-être parce que l'homme était jeune, grand et blond comme lui, et que, pour Henckel, une jambe coupée...

Il se dressa tout à coup, si rudement qu'il heurta de la hanche la femme au chapelet.

« Pardon », dit-il à mi-voix.

Mais, comme s'il avait soudain remis en branle un mécanisme, les doigts de la femme remuèrent dans un bruissement léger, cherchant le gros grain d'une dizaine, et ses lèvres tremblèrent doucement.

Henckel marcha d'abord d'un mur à l'autre mur, les bras croisés très haut sur la poitrine, les mains sous les aisselles. Ses pas résonnaient, gênant des dormeurs, sans qu'il s'en aperçût. Il varia ses évolutions, traversa la salle d'attente en diagonale, commença d'en faire le tour. Le mutilé le regardait approcher, la tête pivotant sur sa paume. Mais, bien avant de parvenir à sa hauteur, Henckel obliqua, les yeux levés comme s'il s'intéressait aux dégâts du plafond.

Dix fois Julius Henckel répéta sa manœuvre, lorgnant les gens vautrés sur leurs colis, et s'éloignant du mutilé à chaque passage, dans un comportement stupide, fort d'une crainte, d'une superstition qu'il ne pouvait maîtriser. Jusqu'à ce qu'une voix d'homme le fît s'arrêter brusquement :

« Assez, bon Dieu ! »

Alors Julius Henckel tournoya et sortit de la salle d'attente. En prenant le soin de bien fermer la porte, à toute volée.

L'employé regarda sa montre.

« Les journaux, pas avant huit heures...

— Et le buffet ?

— Plus de buffet, monsieur. Vous avez une brasserie devant la gare... Elle doit être ouverte... »

L'employé s'en allait, mais Henckel lui dit, très vite :

« Pour les journaux, il y a un kiosque dans le hall ? Ou bien ce sont des vendeurs...

— Les deux. Seulement, les vendcurs arrivent toujours plus tôt que la buraliste...

— Bien sûr », dit Henckel.

Le vent le cingla, chargé de la poussière épaisse des décombres. Julius Henckel fit deux ou trois pas, la main sur le visage, entra dans la brasserie, but d'un trait une chope de bière sans saveur, voulut manger quelque chose, mais il n'y avait rien sur le comptoir, pas même le plat de bretzels coutumier.

« J'ai faim, dit Henckel à la serveuse. Alors ? »

La serveuse s'attrista pour lui expliquer qu'il fallait attendre midi, que de toute façon la vie était dure à Munich...

« Vous devez bien savoir, monsieur. C'est partout pareil... »

Il revint dans la gare, erra de nouveau, consulta machinalement les horaires. Un train pour Würtzbourg partait dans la matinée, et Julius Henckel se dit qu'il serait raisonnable de ne pas s'entêter plus longtemps. Il acheta son billet, rôda encore, les mains au fond des poches, parlant seul, heureux cependant qu'il y eût un peu d'animation autour de lui.

Il courut presque vers le premier vendeur de journaux, ralentit à bonne distance, s'arrêta même avant de s'approcher et de tendre la main. Il paya, regarda les titres sans les voir, observant l'homme du coin de l'œil, n'osant le questionner. Puis il plia le journal, s'éloigna de quelques mètres. Et l'homme, adossé à la palissade, observait aussi Julius Henckel. Il changea de place, le contourna, vint près de lui à le toucher.

« Cigarettes ? Anglaises ? Américaines ?

— Non, dit Henckel. Mais j'ai un renseignement à te demander... Stefan Volker, connais-tu ça ? Il paraît qu'il vend des journaux, comme toi, et que je peux le rencontrer ici...

— Pas de Volker avec moi. Y a d'autres journaux, bien sûr. Et les gars, j'les sais pas tous par leurs noms. Si c'est pour des cigarettes... Ou autre chose... »

Une main enfouie dans sa capote rapiécée, il était prêt à brandir n'importe quel paquet, au choix.

« Non, dit encore Henckel.

— Peut-être que vous êtes de la police, après tout ? Et moi qui...

— J'en ai l'air ? dit Henckel, sans rire. Tiens. Prends ça pour ta peine. C'est cinquante pfennigs. Les inspecteurs sont larges, tu vois... »

Le vendeur se recula pour regarder vers l'entrée du hall, derrière la grosse carrure de Julius Henckel.

« Mais celui-là, dit-il, je le connais bien. C'est Sporn. Un manchot. Il a drôlement dérouillé avec les Russes... »

Henckel se retourna sur l'homme qui avançait dans le hall, loin encore, longeant la paroi de planches opposée, ses journaux coincés sous le bras droit dont la manche ballottait à l'extrémité. Vêtu de pièces d'uniforme disparates, d'un pantalon trop court et trop étroit, d'une veste tombant à peine à la ceinture, il traînait ses souliers racornis, limés à l'extérieur jusqu'à la semelle, et la marche s'en ressentait, cahotante, les jambes arquées brutalement. D'une casquette de feutre militaire les cheveux blonds débordaient sur la figure aux os saillants, cloquée de cicatrices.

« Sporn ? Quel Sporn ? dit Julius Henckel. C'est Volker ! »

L'homme passait alors en face d'eux. Il sembla qu'il entendît, et ses yeux clignèrent dans leur direction.

« Salut, Jupp...

— Salut ! » répondit le vendeur, derrière Henckel.

La voix de Sporn était rauque. Henckel ne la reconnut pas, qui gardait dans l'oreille les deux mots à peine articulés, ce bonjour sans chaleur d'un être bourru, taciturne, fait à trop de solitude. Mais bien qu'il ne doutât pas que cet homme fût Stefan Volker, il restait immobile, décontenancé. Se pouvait-il que Stefan, qui l'avait regardé en pleine face, n'eût pas couru vers lui, ou marqué le moindre étonnement ?

Le vendeur, lui, s'étonnait. Il examinait Henckel de haut en bas, contemplait sans honte le visage épais, sanguin, penché en avant.

« C'est Sporn. Nous autres, on dit le manchot... Comme ça... »

Henckel le toisa, avec une expression méchante. Et comme si la contradiction lui déplaisait, comme s'il y voyait un défi pour l'encourager, il s'élança dans le hall.

Maintenant, Henckel se reprochait ses hésitations. C'était bien Volker qui marchait devant lui, voûté, tordu, les nippes collées à ses membres. Et Voldemar avait raison. Un Volker amnésique, né depuis peu, sans passé, sans souvenirs... Ou dérangé, même. Un fou de bon aloi, gagnant son pain, vivant comme tout homme parmi les autres hommes, mais une vie neuve, allégée, sans repères, une vie où tout n'était qu'apprentissages...

Henckel tremblait, se retenant de prononcer le nom qu'il criait intérieurement. Il eût aimé voir Volker se retourner, jouir de sa surprise, le regarder rire d'une vraie joie en oubliant soudain sa misère, toutes ces traces douloureuses d'une punition qu'il n'avait pas cherchée...

Henckel allongea le bras. Il allait toucher l'épaule. Il avait bien réfléchi, prémédité ce geste banal. Et sans qu'il comprît quelle peur gênait ses intentions, sa main heurta le paquet de journaux.

« Stefan... »

Scrutant la figure morte, fardée de balafres, les yeux vides qui ne témoignaient aucune curiosité, qui n'interrogeaient pas, qui supportaient placidement son regard, Henckel, les lèvres entrouvertes, quêtait une grimace, un tressaillement, quelque chose d'humain pour l'arracher à cette panique imprévisible où s'anéantissaient son courage et sa fermeté.

Il mouilla sa gorge, respira fortement.

« Tu me reconnais, Stefan ? »

Le vendeur se déhancha pour remonter les journaux sous son bras. Il repartait, mais Henckel fit un pas de côté.

« Je suis Julius Henckel, Stefan… Ton entraîneur. Quand tu courais… M. Henckel… Julius Henckel… »

Il parlait avec une grande douceur, en détachant les mots, approchait de plus en plus du visage, des yeux qui se dérobaient.

« Réponds, Stefan ! »

Il se durcissait au contraire. Les cicatrices s'accentuaient, se coloraient davantage. Un muscle gonflait la peau au bas de la joue, remuait bizarrement.

« Non, dit Henckel, tu ne t'en iras pas. Il faut m'écouter, Stefan. Il faut me suivre… »

Il avait empoigné le bras valide, le serrait dans sa grosse main. Il le lâcha, effrayé de sa maigreur, honteux de meurtrir encore cet homme exténué.

« Je suis venu pour toi, Stefan. Pour te retrouver. Je ne veux pas te faire de mal, allons… Reste là ! »

Il le rejoignit, le contempla sans rien dire, en hochant la tête, avec une sorte de reproche pour ce refus inadmissible, le laissa s'éloigner de nouveau. Quelque temps il l'observa de loin, le vit se mêler aux gens dans le hall, puis s'arrêter, le dos à un pilier, attendre qu'on achetât ses journaux…

Henckel prit son mouchoir, s'essuya le visage. Il tâchait de s'expliquer cette attitude, pourquoi Stefan s'obstinait à ne pas le reconnaître, à prolonger ce mutisme qui désarmait, qui usait sa patience, sa pitié. Il n'était guère question d'amnésie. Quel homme, en ce cas, n'eût point accepté la chance de renouer avec sa vie tronquée, de rencontrer un ami, un témoin, une aide inespérée, et, la preuve faite de son identité véritable, exigé des précisions, sa résurrection totale, quoi qu'il advînt ?

« Pourquoi ne parle-t-il pas ? Pourquoi, bon Dieu ? »

Lui aussi faisait un dur effort. Il ne lui était pas habituel de rompre si facilement, de montrer autant d'indulgence. Volker céderait, quelles que fussent ses excuses. Il répugnait à Henckel de le rudoyer, en actes et en paroles, de ne pas respecter ses blessures. Mais c'était après tout pour son bien. Et peu importait, même, que des tiers prissent parti, aveuglément...

Henckel dut marcher plus vite. Le vendeur le guettait, changeant de place dès qu'il démarrait.

« Idiot ! cria Henckel. Bougre d'idiot ! »

Il avait l'air de sourire un peu, de trouver drôle ce chassé-croisé, si rassuré qu'il fût sur son issue. Il ne se lasserait pas le premier ! On jouerait au plus malin, au plus têtu. Et lui, Henckel, ne craignait personne.

« Allons, Stefan ! »

Il l'avait attrapé par l'épaule, maladroitement. Il laissa glisser sa main sur le bras gauche, le saisit au-dessus du coude, et collé à l'homme, le front sur la poitrine, pesant de tout son corps, le contraignit à reculer, à s'appuyer au mur.

« Finissons-en, hein ! »

Il fut surpris de la force qu'on lui opposait. Il sentait les muscles se raidir, une grande volonté tendre cet être qu'il croyait déchu. Et s'en réjouissait. C'était toujours Volker, rageur, impulsif, qui luttait autrefois jusqu'à l'effondrement, qui ne consentait à perdre qu'après avoir tout donné de soi-même.

« Lâchez-moi... Qu'est-ce que je vous ai fait ? Qu'est-ce que vous me voulez ? Vous n'avez pas le droit ! »

Henckel l'entendait crier au-dessus de lui, d'une voix qui le déchirait.

« J'ai tous les droits, Stefan. »

Il avait libéré le bras en desserrant les doigts l'un après l'autre. Puis, s'étant reculé, il reprenait son souffle.

« Je ne vous connais pas ! Je ne sais pas ce que vous voulez dire. Laissez-moi travailler. Je suis en règle... J'ai tous mes papiers... Mon livret de soldat... Tenez... Vous voyez bien que vous vous trompez ! »

Henckel ne regarda même pas le livret consolidé d'une bande de toile, où le nom de Sporn était écrit en lettres grasses au-dessus de l'aigle déployé.

« Nous avons un train dans une heure, dit-il simplement. Nulle part tu ne seras mieux qu'avec moi. Qu'avec Helga. Tout est fini, maintenant... »

Il avança la main. C'était un geste affectueux, mais timide, pour affirmer ces paroles où lui aussi venait de donner le meilleur de soi-même, à son insu. Et il se retrouva face au mur, le bras allongé ridiculement, trompé par le brusque saut de côté, une esquive peureuse comme si tout fût à redouter de ses intentions.

« Non ! Je ne demande rien à personne. Rien ! Laissez-moi travailler en paix. Laissez-moi... »

Il se démenait, secouait sa tête effrayante, les lèvres blanchies de salive, criait d'une voix aiguë, insupportable.

« Allez-vous-en ! Allez-vous-en ! »

Et comme Henckel faisait un pas, la main encore ouverte, il eut un grand mouvement de colère, arracha le paquet de journaux de dessous son bras coupé et le lança contre le mur. Puis il partit dans le hall, au hasard. Stupéfait, Henckel regardait les journaux éparpillés autour de lui. Des gens s'arrêtèrent. Un homme dit, haussant les épaules :

« Pauvre type ! »

Les poings serrés, les ongles dans la chair, Henckel attendait. Il eut l'intuition que quelque chose se passait, qu'il souhaitait avec force, et qui l'aiderait à se maîtriser. Il leva les yeux. Du fond du hall, le vendeur revenait lentement. Henckel ne bougea pas. Mais il semblait qu'à le regarder avec tant de persuasion, tant de tendresse, il cherchât à l'encourager, à le délivrer de sa gêne. Il le vit s'agenouiller, ramasser ses journaux un à un, avec des gestes malhabiles. Alors il s'accroupit à ses côtés, sans rien dire, et commença de s'étirer d'un journal à l'autre, d'une marche en canard disgracieuse. On eût dit deux gamins, après une bataille à coups de cartable, oubliant leurs griefs pour réparer ensemble les dommages…

Quand ils se furent redressés, face à face, défiés une dernière fois, Henckel ne lui laissa pas le temps de se ressaisir. Il l'entraîna fermement, sentant fondre peu à peu toutes les velléités. Sans hâte, serré contre lui, il l'emmenait vers l'intérieur de la gare, n'osant parler de peur qu'un mot, une intonation mal interprétés, ne les opposassent encore.

Près du guichet, Stefan Volker s'arrêta. Tourné vers Henckel qui ne l'avait pas lâché :

« Où voulez-vous que j'aille avec vous ? dit-il. Laissez-moi ici, monsieur Henckel. J'ai tout ce qu'il me faut. Je travaille, je mange, je dors…

— Ça ne suffit pas, Stefan.

— Mais j'ai mes affaires à prendre… Ma logeuse à prévenir… Je ne peux pas m'en aller comme ça, d'un seul coup, comme un voleur…

— Là-bas, tu auras ce que tu veux. »

Volker pesa sur le bras de Henckel pour se dégager.

« Je dois prendre ma valise, monsieur Henckel. Je dois prévenir Mme Gorlitz…

— Allons-y ! » dit Henckel.

Ils traversèrent Munich en tramway, descendirent aux abords d'un faubourg en ruine, marchèrent longtemps entre les gravats, atteignirent une rue plus praticable où quelques maisons s'échelonnaient, sommairement étayées, isolées par d'énormes brèches. Ils ne s'étaient pas parlé durant le trajet, bien que Henckel fût impatient de questionner. Il dit seulement, alors que Stefan venait de buter contre un morceau de bois :

« Pose donc tes journaux. N'importe où... Que veux-tu en faire, à présent ? »

Stefan ne répondant pas, et continuant d'avancer, las en apparence, les yeux fixes, il avait ajouté :

« Donne-les-moi, au moins... »

Mais Volker avait secoué la tête.

« Non, monsieur Henckel. »

Au bout de la rue, Volker entra dans un couloir, et Henckel l'y suivit. Une vitre était enchâssée dans le mur, comme un judas. Volker cogna du doigt.

« C'est la logeuse ? demanda Julius Henckel.

— Oui...

— Je m'en occuperai. Va chercher ta valise. »

Volker remua les lèvres. Il sembla qu'il voulût refuser, se défendre encore.

« Oui, mon garçon. Va prendre ta valise. »

Il le regarda s'engager dans l'escalier. Puis, la logeuse apparaissant :

« C'est au sujet d'un de vos pensionnaires. Stefan Volker...

— Personne de ce nom-là...

— C'est juste. Je veux dire Sporn...

— Le mutilé ? »

Elle avait à peine entrouvert la porte. L'ampoule électrique éclairait le haut de sa tête, faisant scintiller de longs pendentifs.

« Le mutilé, oui, dit Henckel. Il quitte sa chambre aujourd'hui. Combien vous doit-il ?

— Vous êtes un parent ?

— Un parent, en effet.

— Tant mieux. Il n'avait pas l'air bien gai. Bonjour bonsoir... Mais faudra revenir. Il est parti ce matin de bonne heure, comme d'habitude.

— Il est là-haut, dit Henckel, en train de préparer ses affaires.

— Alors, dit la femme, c'est bien comme ça. »

Elle ouvrit la porte un peu plus.

« Si vous voulez attendre ici...

— Je veux seulement régler sa chambre.

— Il n'y a rien à régler. Il payait toujours une semaine d'avance, M. Sporn. C'est peut-être moi qui lui devrais, plutôt. Je vais voir mon livre...

— Gardez ça pour vous », dit Henckel.

Il fit quelques pas dans le couloir, les mains sous les bras, se rapprocha de la loge. La femme était à la même place. Elle examinait Henckel sans réserve, croisant son peignoir sur sa poitrine.

« Y a-t-il une autre sortie, chez vous ?

— Sûr que non. Pourquoi ça ?

— À quel étage, sa chambre ?

— Au deuxième... Numéro 14... Mais... »

Henckel était déjà dans l'escalier. Il heurta des marches, jura à plusieurs reprises. Il dut tâtonner longuement et s'aider de son briquet pour repérer les chambres.

« Ouvre, Stefan ! »

Il patienta quelques secondes, appuyé de l'épaule contre la porte, prêt à peser de tout son poids. Il n'eut pas à faire de grands efforts. Stefan était assis sur son lit. Il ne montra aucun étonnement, aucune contrariété.

« Eh bien ? » dit Henckel, d'une voix calme.

Volker se leva, tira sa valise de dessous le lit, commença d'y ranger quelques vêtements. Planté devant la porte, Henckel le regardait aller et venir sans précipitation, avec une lenteur peut-être voulue et qui finissait par l'irriter. Volker rabaissa le couvercle de la valise.

« Laisse-moi faire », dit Henckel.

Mais, s'aidant du genou, et tourné de telle façon qu'il empêchait Henckel de s'en mêler, Volker la ferma seul. Puis il saisit la poignée.

« Donne, dit Henckel.

— Je suis assez grand...

— Donne ! »

Il fallut pourtant qu'il ôtât la valise de la main de Volker, avec une certaine rudesse.

« Passe devant moi, Stefan. »

Volker atteignit la porte, revint vers le lit, prit le paquet de journaux.

« Non », dit Henckel.

Volker reposa le paquet.

« Vous avez tort, monsieur Henckel. Vous devriez me laisser à Munich, et ne plus vous soucier de moi. Je vends des journaux. C'est mon métier... Un métier qui me convient... Je ne peux plus rien vous apporter, maintenant...

— Avance », dit Henckel.

Et il le poussait doucement, du champ de la valise.

IV

Henckel vida sa chope de bière, éloigna son assiette.

« Il est temps que nous partions, Stefan. Oui ou non, vas-tu te décider ?

— Je n'ai pas faim.

— Tu mens ! Tout le monde a faim, aujourd'hui. Tout le monde a envie, tout le monde a besoin de bouffer. Toi plus qu'un autre. »

Volker ne broncha pas. Affaissé sur sa chaise, il regardait droit devant lui, au-delà du comptoir.

« Mange au moins ta viande. Et bois ta bière.

— Je n'ai ni faim ni soif.

— Comme tu voudras, dit Henckel en se levant. Mais je te préviens que nous n'arriverons pas avant la nuit. Et d'ici là… Veux-tu que je fasse faire un paquet ? Peut-être que dans le train… »

Volker s'était levé lui aussi. Il marchait déjà vers la porte du restaurant.

« Ni dans le train ni ailleurs », dit-il en se retournant.

Henckel paya, n'attendit point la monnaie, rattrapa Stefan sur le seuil.

« Arrange ta casquette. Elle est tout de travers. Et tes cheveux. »

Il haussait en même temps la main, mais Volker s'écarta de lui brusquement.

« Je suis bien comme ça... Si vous avez honte, c'est simple... »

Et comme Henckel le contemplait avec un air stupide où il y avait beaucoup de peine et de colère :

« Vous regretterez, monsieur Henckel, dit-il. Alors, il vaut mieux que nous allions chacun de son côté. Je n'ai plus besoin de vous. Vous n'avez plus besoin de moi. Nous n'avons rien à faire ensemble...

— Ça se peut bien, répondit Henckel. Seulement, tu me connais. Je suis plus têtu que toi, Stefan. Je n'ai pas changé. Je vais toujours au bout de ce que j'entreprends et rien ne me fait peur. J'encaisse tout. Le bon et le mauvais. J'ai la peau dure, mon garçon. Maintenant, en route. Nous reparlerons. de tout ça plus tard...

— Je ne crois pas, dit Volker. Parce que moi, monsieur Henckel, j'ai changé. De toutes les façons... »

Les membres d'un congrès international de la jeunesse avaient envahi le train de Würtzbourg jusque dans les couloirs. Tenant Volker par le bras, Henckel s'apprêtait à grimper dans un wagon et à se frayer un chemin coûte que coûte. Il y renonça tout de suite. À l'extrémité du quai, un employé commençait de fermer les portières. Entraînant Stefan, il courut vers les voitures réservées aux troupes d'occupation. Elles étaient vides ; autant qu'il put en juger du quai.

« Monte, dit-il à Stefan. Hop !

— Mais...

— N'aie crainte... Là, au moins, nous serons à notre aise. Et tranquilles. »

Il s'installa dans un compartiment en parfait état, propre et chauffé, capitonné de feutre rouge.

« Assieds-toi donc, dit-il à Volker resté dans le couloir. Si le contrôleur nous cherche des histoires, je lui répondrai. »

Le contrôleur vint en effet, alors que le train démarrait à peine, comme s'il eût repéré depuis longtemps ces deux voyageurs en défaut. Il salua, au garde-à-vous.

« Vous n'avez pas droit à ces voitures...

— Je le sais, dit Henckel. Mais il n'y avait pas de place ailleurs...

— Je suis quand même tenu de vous signaler. Pour l'amende.

— Je la paierai, dit Henckel.

— Une grosse amende...

— Je paierai la grosse amende... »

Le contrôleur prit son calepin, son crayon, rectifia la position de ses lunettes.

« Et vous irez dans un autre compartiment.

— Ça non ! dit Henckel.

— Les autorités américaines...

— Les autorités américaines seraient plus compréhensives.

— Cet homme est avec vous ? dit le contrôleur, son crayon pointé vers Stefan Volker.

— Oui, monsieur ! C'est un mutilé. Et à ce titre...

— Regrettable. Mais si l'on autorisait tous les mutilés à monter dans les voitures réservées, il faudrait des trains supplémentaires !

— Eh bien, dit Henckel, faites votre rapport, écrivez tout ce qu'il vous plaira, et foutez-moi la paix ! »

Il s'était levé, parlait au visage du contrôleur, haussant le ton de plus en plus.

« J'avertirai la Military Police en gare d'Augsbourg, dit le contrôleur en rompant d'un pas.

— J'y compte bien ! »

Le contrôleur sortit du compartiment, tira la porte, regarda une dernière fois Henckel à travers la vitre, mais sans qu'il fût permis de voir dans ce coup d'œil un sentiment bien défini, de fureur ou de stupéfaction.

« Et voilà ! » dit Henckel en se retournant sur Volker.

Il souriait, content de sa démonstration, de cette joute et de son issue.

« Il suffit d'être énergique, de donner l'impression qu'on ne craint personne, que rien ne vous fera céder d'un pouce. Vieille méthode. Et je parierais bien que l'affaire en restera là. Il n'a pas pris nos noms, il a à peine vérifié nos billets... Quant à prévenir la Military Police, c'est le mauvais argument. Comme les parents qui parlent du croquemitaine à leurs gosses... Es-tu bien, Stefan ? Choisis ta place... Nous avons huit heures de voyage avant d'être à la maison... »

Il s'assit en face de Volker, près de la fenêtre, étira ses jambes, déboutonna son gilet, joua quelque temps avec son alliance, essayant de la glisser à tous ses doigts. Puis il chercha la meilleure posture, s'enfonça dans la banquette, se redressa, frotta son dos au capitonnage, finit par s'accouder de biais, la tête dans l'angle du compartiment. Et là, ayant examiné les lieux très naturellement, sans que remuât son visage, ses yeux s'attachèrent à Stefan et ne le quittèrent plus.

Volker paraissait somnoler, mais Henckel ne fut pas dupe. Comme il grimaçait, et ramenait en même temps son bras blessé contre lui, Henckel dit aussitôt :

« Si tu t'allongeais, hein ?

— Ça va très bien », répondit Volker.

Henckel revint au bord de la banquette, se pencha, les mains jointes entre les genoux.

« Écoute-moi, Stefan. Nous sommes seuls, l'un près de l'autre. Tu es raisonnable, à présent. Nous pouvons nous parler à cœur ouvert. J'ai beaucoup de choses à te demander, et c'est bien normal, il me semble. Il y aura bientôt quatre ans que nous étions séparés. Pendant ces quatre années, j'ai pensé à toi jour et nuit, je t'ai attendu comme si tu étais mon propre fils, comme si ma vie, sans toi, ne pouvait plus avoir aucun sens, et je n'ai jamais désespéré, du moins pendant très longtemps, de te revoir. Plus tard, Stefan, je te raconterai... Ou peut-être pas. C'est sans importance, aujourd'hui. Seulement, en raison de tout cela, il faut avoir un peu pitié de moi, et de ma patience. Bien sûr, ce n'est pas malin ni très charitable de t'obliger à retourner en arrière... Et je ne sais comment faire, comment te questionner sans te martyriser davantage... Je te regarde. J'essaie de te montrer toute l'affection que j'ai pour toi. J'essaie de te donner confiance... Je tremble. Je m'abaisse. Je pleurerais presque, sais-tu bien. Et tu es là, comme un mur ! Réponds, Stefan. Dis quelque chose... »

Volker entrouvrit les yeux.

« Je n'ai rien à dire, monsieur Henckel. Sinon que je suis fatigué...

— Tu n'es donc pas heureux de m'avoir retrouvé ?

— Non, monsieur Henckel.

— Je n'ai pas le droit de savoir ce qu'il est advenu de toi pendant ces quatre ans ? Pas le droit, par exemple, de voir tes blessures, ton bras abîmé ? De te réconforter, de t'aider de mon mieux ?

— Vous ne m'aiderez en rien, monsieur Henckel. Au contraire...

— Pourquoi, bon Dieu ? Est-ce que tu n'as plus pour moi aucune amitié, rien qui puisse nous rapprocher comme avant ? Crois-tu que tu as tout perdu ? Que nous avons changé, Helga et moi, au point quc tu aics peur de ne plus mériter ta place entre nous ? Est-ce que nous ne sommes pas toujours un peu ta famille, Stefan ? Plus encore, à présent, puisque... »

Il s'arrêta. Trop de choses demeuraient en suspens, trop d'événements s'étaient produits qui exigeaient d'être évoqués avec prudence. Sans doute Volker savait-il que sa mère était morte. Mais il fallait avant tout l'épargner.

« Qu'est-ce que ça peut faire que nous n'ayons plus à nous occuper de courses, tous les deux, à essayer de battre des records, comme autrefois ? Ce qui compte, Stefan, c'est que le cauchemar soit fini. C'est que nous soyons de nouveau ensemble... Et tu auras vite oublié. Nous te soignerons, Stefan. Nous te soignerons bien. »

Volker le regarda avec tant de dureté que Julius Henckel sentit sa maladresse. Et gêné, souffrant de ce comportement dont les raisons lui échappaient, il tenta de se reprendre.

« Je n'ai pas voulu dire que tu avais besoin de nous pour vivre. J'ai vu que tu travaillais, que tu étais toujours aussi courageux. Mais ce sera mieux quand même, Stefan. Tu te reposeras à ton aise. Tu mangeras à ta faim...

— Laissez-moi, dit Volker, violemment. Je ne réclame rien. Seulement que vous fassiez comme si je n'existais pas, comme si je n'avais jamais existé. Comprenez-vous, monsieur Henckel ? Vous ne me garderez pas trop longtemps, je vous le promets. Alors, jusque-là, ne vous apitoyez pas. Ne cherchez pas à me consoler. Ne vous donnez pas la peine de m'aider, comme vous dites...

— Ainsi, nous allons rester des heures l'un en face de l'autre, la bouche fermée, comme des étrangers ?

— Comme des étrangers, oui. »

Henckel approcha de Volker. Il faillit lever la main, le menacer.

« Tu as de la chance, Stefan. Une sacrée chance ! C'est bon. Si j'ai eu tort... »

Il n'acheva point. Se rencognant, il s'efforça de ne plus penser, ou de dormir. Mais il continua bientôt d'observer Volker, ses cicatrices, ce visage qu'un tic, une grimace, déformait parfois. Une balafre fendait la joue droite, de l'oreille à la lèvre inférieure. Large et profonde. À chaque pulsation, la peau tremblait au creux des chairs.

« Quel malheur ! »

Il serra les dents, craignant de parler à haute voix. Soit que la surprise l'eût aveuglé, soit qu'il se fût uniquement soucié de contraindre Volker, il avait considéré sa dégradation physique avec un certain fatalisme, peut-être amené par le récit de Voldemar. Il s'expliquait maintenant la révolte de Stefan, son acharnement à renier ce qui le liait encore à une autre vie, quand il était un homme normal, avec tous ses moyens. Un homme qu'on ne plaignait pas.

L'accoutrement misérable, les chevilles, les mollets amaigris, les pieds nus dans les mauvais souliers... Le bras qui pendait le long du corps, et paraissait s'enfoncer, se perdre dans la banquette... Henckel regardait ce bras dont on lui cachait la mutilation, par orgueil ou par pudeur. Au pli de la manche, il semblait qu'il fût coupé quelques centimètres au-dessous du coude. Ou plus près du poignet... Mais pourquoi lui-même n'osait-il en parler ?

Henckel ne s'attendait guère à une telle épreuve. L'humiliation, un sentiment d'impuissance, une grande tristesse le bouleversaient. Stefan Volker avait en effet bien changé. Ce n'était plus le garçon docile qui lui avait toujours obéi, qui se pliait à toutes les disciplines, qui lui donnait sa confiance et ne croyait qu'en lui, à l'efficacité de son jugement et de ses méthodes de travail. Ce garçon réservé, intelligent, qui avait fini cependant par ne plus agir, et penser, de sa propre initiative, tant il était à sa merci, guidé, conseillé, inspiré en toute circonstance.

Autrefois, Stefan Volker agréait les soins de Henckel, sa sollicitude exagérée sans jamais se rebeller ou marquer quelque humeur. Cet assujettissement, et l'observance de règles rigoureuses ne lui pesaient pas. Il acceptait les reproches, les remontrances avec sérénité, tel un enfant sans caractère soumis à ses éducateurs. Il se corrigeait volontiers d'un défaut, d'une habitude qui risquât de nuire à sa condition physique et d'entraver sa progression. Il remerciait même, content d'avoir un si bon maître, que rien non plus ne lassait ni ne rebutait, dont la seule ambition était de le voir profiter de dons exceptionnels.

Une égratignure, la moindre douleur, le rhume le plus bénin, il laissait Henckel se pencher sur lui, ausculter, désinfecter, frictionner, sa boîte à pharmacie toujours bondée d'onguents, de pommades, de révulsifs de son cru, qu'il n'eût prêtés pour rien au monde. Henckel veillait à tout, ne négligeant aucune hygiène. Pédicure averti, il disait qu'une ampoule, un cal, un ongle mal taillé handicapait un athlète, et pouvait le frustrer d'une victoire ou d'un gain de temps appréciable. Et Volker approuvait, tandis que Henckel, à genoux, massait, pansait, usait du scalpel avec une précision de chirurgien. Périodiquement, il accompagnait Stefan chez le docteur Spinnrock, à Cassel, et chez le dentiste, pour des examens approfondis. À table, il le regardait manger, lui recommandant mainte fois de mastiquer longuement, de se tenir droit, de boire à bon escient, de ne penser à rien d'autre qu'à cette occupation présente. Il l'entourait enfin de toutes les attentions, craignant sans cesse qu'il ne prît froid après ses courses, l'aidant à se rhabiller avec un zèle, une bonté de mère de famille. Il lui arrivait même, les nuits que Volker passait à Cassel, d'aller le voir et l'écouter dormir, épiant son souffle, sa respiration calme, régulière, indices d'un équilibre parfait.

Un seul sujet de désaccord : les cheveux longs, désordonnés, qui glissaient constamment sur le visage de Stefan. Julius Henckel supportait mal sa manie de les relever d'un geste instinctif, et, la main plaquée sur la tête, de chercher vainement à les contenir.

« Je ne te demande pas, disait Henckel, de te tondre comme un héros de la Wehrmacht. Mais tu pourrais au moins sabrer toutes tes mèches. Tiens... Laisse-moi faire... »

Volker s'esquivait, revenait prudemment, à demi fâché.

« Je ne veux pas, monsieur Henckel. Déjà, tout petit... Et puis, mes cheveux, ça ne m'empêche pas de courir ?

— Si, mon garçon ! Mais tu ne t'en aperçois même pas. Seulement, la prochaine fois que je te verrai, dans un 800, te passer la main sur le crâne plutôt que de coordonner tes mouvements, je te caresserai la joue, moi aussi. Compris, grande perche ? »

Il ne restait rien de cette camaraderie, de cette entente. Tant d'efforts, tant de sacrifices de part et d'autre, tant de persévérance gâchés bêtement ! Il avait devant lui un homme usé, aigri, hostile, qui le rabrouait, l'insultait presque, qui se reniait et reniait ceux qu'il s'était attachés, un homme qui ne vivait plus que pour manger, boire et dormir, désormais sans but, sans autre ambition que de durer...

La guerre, bien sûr. Les souffrances, les maux de toute sorte... Mais se pouvait-il que la transformation eût été si terrible ? Et songeant au remède, à la façon de reconquérir Volker, de le sauver malgré lui, Henckel s'épouvantait de cette tâche. Aurait-il assez de courage, d'indulgence, d'adresse aussi ? Saurait-il toujours se maîtriser, et, voulant vaincre la révolte de Volker, sa susceptibilité surtout, d'abord venir à bout de ses propres faiblesses ?

« À quoi bon ! Je ne peux plus l'aider en rien, c'est vrai. Nous nous ferions du mal l'un et l'autre, à présent. Il a raison. À Augsbourg, je lui offrirai l'argent que j'ai sur moi... Tant mieux s'il accepte... Et nous repartirons chacun de son côté. »

Mais il regardait toujours Volker, et sa résolution ne tint pas. Quoi qu'il arrivât, il devait tout tenter pour l'enlever à sa solitude, à ce désespoir qu'il tâchait de rendre digne à force de mépris et d'indifférence. L'abandonner, c'eût été se préparer une épreuve autrement pénible, des nuits, des jours tout entiers occupés à regretter, à se maudire, et cependant plus vides que jamais...

Et Helga ? Allait-il lui annoncer tout bonnement :

« À Munich, j'ai rencontré Stefan... Oui ! Stefan Volker ! Un bras en moins... Mutilé... Défiguré... Il vendait des journaux, le pauvre vieux. J'ai voulu le ramener à la maison, mais ça n'avait pas l'air de lui plaire beaucoup de nous revoir. Il me faisait la tête... Alors, ma foi... »

Il ne pensa plus qu'à sa surprise en les accueillant tous les deux. Un sentiment curieux l'excitait en imaginant Helga face à face avec Volker. Il s'entendait crier :

« Tu vois ! Tu vois dans quel état ils l'ont mis ? J'avais bien raison d'avoir peur, de craindre le pire. J'avais raison de dire que les bons paieraient pour les mauvais. Pour ce cochon de Hagenstolz, par exemple ! »

Ils arrivèrent à Mielberg en pleine nuit, et Julius Henckel fut heureux de s'épargner la curiosité des gens. Helga ne dormait pas. Une lumière brillait au fond du jardin, entre les arbres. Sans doute travaillait-elle encore à la cuisine. Des rangements, des nettoyages interminables, comme à son habitude... Henckel s'apprêtait à frapper à la fenêtre. Mais Helga ouvrait déjà la porte du couloir.

« C'est toi ?

— Oui, dit Henckel. Bien sûr... »

Il l'apercevait, penchant la tête, cherchant à le distinguer dans l'ombre.

« Tu n'es pas seul ?

— Non. Pas seul... »

Et tout bas à Stefan qui ralentissait derrière lui :

« Elle ne s'attend guère à toi ! Viens donc... »

Il allait lui prendre la main, l'entraîner. Il la frôla seulement.

« C'est Friedrich ?

— Non, ce n'est pas Friedrich... »

Elle se recula pour les laisser passer, et Henckel, entrant le premier dans le couloir, la poussa doucement devant lui.

« Avance... Avance... »

Elle essaya bien de regarder, mais il se faisait encore plus large, levait très haut la valise de Stefan, à bout de bras.

« Allons dans la salle à manger. Conduis-nous, Helga... »

Elle obéit, les mains sur son chignon, tâchant d'y serrer des cheveux épars. Henckel posa la valise, revint vers Stefan, immobile sur les marches.

« Entre ! »

Helga déplaçait un napperon sur la table. Elle les vit apparaître l'un contre l'autre à la porte de la salle à manger. Elle demeura figée, appuyée des deux bras, la bouche un peu ouverte.

« Mon Dieu ! Mon Dieu ! »

Puis, commençant de marcher lentement autour de la table :

« C'est Stefan !

— Oui, dit Henckel d'une voix rauque. C'est lui... »

Ils ne bougeaient pas, arrêtés devant la porte comme des visiteurs intimidés. Henckel, les bras ballants, rouge, la joue ridée par une grimace, un sourire vague. Volker, sa casquette remuant contre sa jambe, la tête de côté, les cheveux sur le front… Helga était maintenant près d'eux, petite et maigre, ses lunettes légèrement de travers, une branche enfouie dans les mèches grises, bien au-dessus de l'oreille. Elle contemplait Stefan avec une expression de pitié bouleversante.

« Tu ne me dis rien ! »

Il sembla d'abord ne pas l'entendre. Puis, sans la regarder, articulant à peine :

« Bonsoir, madame Henckel. »

Elle vint à lui, brusquement, se haussa jusqu'à son visage, et l'embrassa, l'obligeant à se courber.

« Est-ce possible, mon pauvre enfant ! Est-ce possible, mon Dieu ! Comme tu as dû souffrir ! »

Elle ne voyait pas Julius lui faire les gros yeux, mettre timidement un doigt sur ses lèvres. Elle ne voyait pas sa mimique désespérée, son air malheureux. Elle dit encore :

« Comme tu as dû souffrir, mon pauvre petit… »

Et pleura, les mains sur ses yeux, tandis que Julius allait vers elle, lui tapotait les cheveux, décontenancé, oubliant tout ce qu'il avait prémédité, son attitude, ses paroles rudes, répétant :

« Tais-toi donc, Helga… Tais-toi donc. Ne pleure pas, voyons… Ne pleure pas… »

Volker les observait, impassible, mais sa casquette battait de plus belle contre sa jambe.

« Je sais bien, dit enfin Helga. Mais tu aurais dû me prévenir, Julius… Tu aurais dû… Laisse-moi maintenant… Je vais vous préparer quelque chose. Vous devez avoir faim, tous les deux…

— Oh oui ! s'écria Henckel. Nous avons quitté Munich au début de l'après-midi. Pense un peu ! Et ce que j'ai mangé là-bas, ma pauvre ! Mais c'est surtout Stefan qui doit avoir faim. Il n'a rien pris de la journée. Rien. Dieu sait si j'ai tout fait pour le décider. »

Et, à Volker :

« Assieds-toi, Stefan. Ne reste pas comme ça, emprunté… Tu es chez toi. »

Il le guida vers une chaise, le fit s'y poser.

« As-tu soif ? Veux-tu un verre de bière ? Demande, Stefan, demande…

— Ni faim ni soif, monsieur Henckel.

— Tu dis des bêtises ! »

Helga était allée à la cuisine. On l'entendit crier :

« Ne fais pas le fou, Spitz… »

Et un grand chien-loup surgit, les oreilles pointées.

« Te voilà ! » dit Henckel.

Il voulut l'attraper au passage, mais le chien bondit vers Stefan, s'arrêta sèchement.

« Ici, Spitz ! dit Henckel. Il ne te connaît pas, mais ça viendra vite… Une brave bête, tu sais. Nous l'avons recueilli dans les derniers jours de la guerre. Un chien de l'armée qui se sauvait comme ses maîtres sans trop savoir où était la bonne route. On a eu du mal à l'apprivoiser, crois-moi. Maintenant c'est du solide, entre nous… »

Il le caressait, semblait s'adresser à lui plutôt qu'à Volker.

« Tu as vu ? Pas un aboiement, pas un murmure quand nous sommes arrivés… Il me flaire à des kilomètres. »

Un court silence.

« Il est beau », dit Stefan.

Henckel se tourna vers lui, stupéfait. C'était la première fois que Stefan parlait de son propre gré, et pour exprimer quelque chose qui échappait à ce dialogue dramatique auquel on le forçait depuis le matin. Comme si, à la vue de ce chien puissant, nerveux, aux muscles tendus par un continuel besoin d'action, il se fût soudain retrouvé.

Henckel chercha son regard, prêt à approuver d'un sourire, à encourager cet abandon, mais Volker avait le même visage raidi, les yeux fixes, son air buté.

« Il est beau, oui, dit Henckel, faiblement. J'aurais bourré la maison de ravitaillement, avec lui. Les Américains venaient tous les jours, au début. À la file ! "Combien ? Combien ?" J'ai fini par me fâcher, et Spitz leur a montré les crocs, pour ne pas me contredire. Sacré Spitz ! Il court comme un lièvre, tu verras. »

Helga reparut, s'occupa de dresser la table. Elle sourit plusieurs fois à Stefan, mais sans l'atteindre jamais. Il regardait autour de lui avec précaution, une sorte d'inquiétude, baissait la tête dès qu'il se sentait observé.

« Approche-toi, mon petit, dit Helga. Aimes-tu toujours la soupe au lait ?

— Il ne faut rien faire pour moi, répondit Stefan. Je n'ai pas faim, madame. Pas faim du tout. À présent, je mange très peu. Une fois par jour, à cause de... »

Henckel le souleva de sa chaise en le prenant aux épaules.

« Eh bien, c'est la bonne fois ! »

Helga s'assit près de Stefan, plaça le couvert à sa gauche, lui servit un morceau de viande froide, une tranche de pain. Et la main sur la sienne :

« Bon appétit, Stefan. »

Henckel mangeait déjà, affamé, avec une grande vigueur, tout le visage en mouvement.

« Vous devez être éreintés ? dit Helga. Après un si long voyage... Et les trains ne sont pas agréables, aujourd'hui...

— Nous avons eu de la chance, dit Henckel entre deux bouchées. Ou plutôt je l'ai mise de notre côté. Figure-toi qu'à Munich, comme les wagons étaient bondés, une bande de filles et de gamins qui faisaient un bruit du diable, nous sommes montés dans un compartiment réservé. Un compartiment pour tous les deux, Stefan et moi. Le contrôleur est arrivé... »

Il raconta la scène, mimant l'employé, s'exaltant.

« Je l'ai mouché bel et bien. Et nous ne l'avons jamais revu, pas plus que la Military Police qu'il nous promettait en gare d'Augsbourg... Demande à Stefan, tiens ! »

De sa main valide, Stefan triturait son pain, en arrachait parfois un peu de mie qu'il portait à sa bouche, d'un geste lent, distrait, comme pour tromper son désœuvrement. Il ne cessait de regarder le chien allongé au fond de la pièce, le museau sur ses pattes, qui paraissait le contempler lui aussi, le surveiller.

« J'aurais dû te couper ta viande ! s'écria Helga. Il fallait parler, voyons ! Tu ne dois pas te gêner avec moi... »

Il étendit le bras pour l'en empêcher, puis la laissa faire, mais sans se départir de sa froideur, tandis que Julius Henckel, s'arrêtant de manger, se reprochait tout à coup son manque de prévenances au restaurant de Munich. Stefan s'était abstenu de réclamer son aide, par fierté, sans doute... Et lui avait insisté stupidement : « Mange au moins ta viande, Stefan ! »

Bien qu'il se fût reculé, Helga releva les cheveux tombés sur sa joue. Il ouvrit la bouche comme pour invectiver contre cet excès de gentillesse. Mais il se contint, saisit sa fourchette avec une sorte de résignation. Sa main tremblait. Il piqua un morceau de viande, dut recommencer plusieurs fois avant de réussir à l'amener à ses lèvres, la tête baissée, comme pour le happer, et mater enfin sa maladresse. Puis il reposa sa fourchette.

« Je vais te servir ta soupe, dit Helga à Julius. Et tu monteras avec moi pour faire le lit de Stefan... »

Julius vit le clin d'œil. Il ne comprit pas, mais répondit à tout hasard :

« Bien sûr... Bien sûr... »

Quand il eut quitté la table, Helga dit à Stefan :

« Si tu aimes mieux la soupe au lait, la soupière est là... Mange ce que tu veux. Il y a du fromage, aussi... Et des pommes... Nous allons préparer ta chambre. Tu te reposeras bien, là-haut. À tout à l'heure... »

Il les regarda disparaître dans le couloir, toujours immobile, un bras contre la table, l'autre sur sa cuisse. Le chien s'étira, souffla bruyamment.

« Spitz ! Spitz ! » dit Volker à voix basse.

Spitz dressa les oreilles, ne bougea pas. Volker l'appela des yeux, des lèvres, de la main, toute une mimique attendrissante et vaine.

« Viens, Spitz ! Viens... »

Puis il contempla son assiette, attrapa un morceau de viande entre ses doigts, commença de manger sans retenue, penché sur la table, mâchant à peine, mordant son pain et l'ôtant de sa bouche avec de grandes contorsions, en lorgnant vers la porte. Il se servit de la soupe, en renversa, frotta vivement la nappe avec sa paume. Le visage près de l'assiette, il essaya d'abord de bien faire. Mais il ne pouvait à la fois dominer son avidité soudaine et le tremblement qui accentuait sa gaucherie. La cuillère était presque vide lorsqu'il l'atteignait. Il précipitait ses mouvements, s'irritait d'être si malhabile, de devoir agir en cachette, comme un voleur, pour apaiser une faim plus forte maintenant que sa résolution, que son amour-propre.

Il but à même la louche et, se ravisant, repoussa la soupière. Il s'essuya les lèvres, le menton, nettoya la nappe autour de lui, allongea le bras vers une pomme...

Il observa le chien de nouveau.

« Tu n'as pas faim, toi ! Tu te tiens bien !

— Stefan ! »

Helga l'appelait. Il se leva, posa la pomme entamée sur la table, revint pour la mettre dans sa poche. Helga l'attendait en haut de l'escalier.

« Monte, dit-elle. Monte près de nous... »

Il la rejoignit, et comme elle le faisait passer devant elle, la main sur son dos, il s'arrêta pour lui dire, la regardant bien en face :

« J'ai mangé... Pas très proprement. Mais j'ai mangé... »

Elle ne répondit rien, étonnée de sa voix sèche :

« Et j'ai même pris une pomme, dit-il en la lui montrant. Vous voyez !

— Tu as bien fait, mon petit... Tu as bien fait. Viens dans ta chambre, à présent... Elle te plaira. Nous sommes mieux qu'à Cassel, ici... Demain, tu visiteras la maison, le jardin...

— Je ne resterai pas.

— Pourquoi, Stefan ?

— Parce que je ne veux pas rester...

— Où iras-tu donc, seul ?

— N'importe où. Tout seul, justement.

— Tais-toi ! Voilà Julius...

— Eh bien, ta chambre est prête, dit Henckel. Je crois que tu roupilleras bien. Le matelas est neuf, et c'est toi qui l'étrennes. Si tu as besoin de quelque chose, tape au mur. Helga et moi, nous dormons à côté. Pour ta toilette, c'est sur le palier, à ta droite... Est-ce que ça marchera, Stefan ? Veux-tu que je t'aide à...

— Non, monsieur Henckel. Il y a trois ans que je traîne ma patte coupée... J'ai une bonne habitude, vous savez... Et je n'ai jamais rien demandé à personne. »

Helga entendit Julius se tourner encore dans son lit, maltraiter l'oreiller en grognant.

« Tu ne dors pas ? dit-elle.
— Toi non plus. Alors !
— Ne te fâche pas, Julius. Il va falloir que tu aies beaucoup de patience, beaucoup de volonté pour toi-même. Ce n'est pas avec des cris, des mots durs, des bourrades, que nous le changerons. Il ne faut pas regretter, non plus. Tu as bien fait de le ramener… Tu as bien fait. Mais nous devons aller jusqu'au bout.
— Je sais ce que j'ai à faire.
— Non, tu ne le sais pas. Et tu as peur qu'il ne reparte un jour ou l'autre, sans même nous prévenir, comme un misérable…
— Il est libre, après tout ! Je ne le retiendrai pas. J'ai fait mon devoir. Ma conscience est en règle. C'est bon. De la patience ! De la patience ! Crois-tu que je vais continuer à me laisser répondre comme à un chien, Helga ? Je t'ai raconté toute sa comédie à la gare de Munich. Je pensais qu'il finirait par être raisonnable, qu'il comprendrait que j'agissais pour son bien… Que je n'y étais pas obligé, surtout ! Tu l'as vu, tout à l'heure ? “Je n'ai jamais rien demandé à personne !” Eh bien, qu'il fasse à son idée, qu'il se débrouille ! Maintenant, dors, si tu le peux…
— Il ne faut pas lui en vouloir, Julius. Ce n'est pas sa faute. Il est malheureux… »

Henckel se retourna de nouveau.

« Je le sais bien.
— Et tu l'es autant que lui…
— Ça ne regarde que moi. »

V

Henckel se pencha pour ôter un caillou d'une plate-bande, le jeta dans la grande allée, et le chien bondit, à l'affût de ce geste depuis longtemps. Volker écarta davantage le rideau, se rapprocha de la fenêtre.

« Spitz ! » dit-il.

Et content de se rappeler ce nom, il le répéta plusieurs fois. En dessous de lui, le jardin s'étendait du perron jusqu'à la route, planté d'arbres à peine feuillés, arbres fruitiers aux branches éparses, tordues, irrégulières, dont la cime arrondie des plus grands tremblotait à hauteur de la chambre. Henckel leva les yeux vers la fenêtre, et Volker laissa retomber le rideau. Il était habillé, sa casquette dépassait de la poche de son pantalon ; il avait retapé le lit tant bien que mal ; et il attendait, ne se décidant pas à descendre.

« Il est au moins dix heures… Henckel va venir, c'est sûr. Peut-être qu'il m'a vu… »

Il pensa le devancer, mais ne bougea point cependant, appuyé au montant du lit, face à la porte, épiant un bruit de pas dans l'escalier. Il était résolu à se montrer docile, pas trop revêche en tout cas, à témoigner ainsi sa reconnaissance pour ce qu'on l'avait forcé d'accepter. Un certain temps. Jusqu'à ce qu'il eût assez de courage pour prendre congé en donnant ses raisons.

Henckel ouvrit la porte sans frapper, en annonçant : « C'est moi », d'un ton sonore, gai en apparence. Il souriait, d'ailleurs.

« Bonjour, Stefan. Alors, bien dormi ?

— Bien dormi, monsieur Henckel.

— Je n'osais monter... Il y a longtemps que tu es prêt ?

— Deux heures... Je ne sais pas... Le matin, je ne reste jamais au lit. À Munich, je me levais tous les jours à cinq heures...

— C'est bien, dit Henckel. Moi non plus, je ne paresse pas. Sitôt réveillé, sitôt debout. On respire mieux, on a les idées plus claires... Tu as fait ta toilette ? »

Il regardait le visage de Stefan, sa barbe épaisse, inégale, la traînée de la blessure, rouge et nette, qu'elle épargnait, et se demandait comment Stefan pouvait bien se raser de la main gauche. Avait-il seulement un rasoir ?

« Je ne suis pas exigeant, répondit Volker. Il faut que les autres ne le soient pas trop, voilà.

— Si tu veux, j'ai tout mon matériel à côté. Un rasoir mécanique. Et je pourrais même...

— Merci, dit Volker. J'en ai un. Mais une fois la semaine, ça suffit bien pour moi...

— Pas commode avec ta cicatrice, bien sûr. Pas commode non plus, d'une main. Allez, mon vieux. Tu vas déjeuner. Helga voulait t'apporter le café au lit. J'ai dit que tu aimerais mieux être en bas, près de nous... Pas vrai ?

— Oui, dit Stefan.

— Je vais descendre ta valise, dit Henckel, en la voyant dans le coin de la chambre, à la place où il l'avait posée la veille. Tu n'en as plus besoin, maintenant. Tu as rangé tes affaires dans l'armoire ?

— Pas encore.

— Il faut, voyons. C'est ta chambre. Installe-toi.

— J'ai le temps. Ça ne presse pas, tout ça...

— Si, dit Henckel. Je veux que tu sois bien, que tu ne penses plus à Munich, à ton cagibi chez la logeuse, que tu oublies tout...

D'ailleurs, tu vas changer de vêtements. Nous allons te trouver quelque chose de mieux. Helga s'en occupe. Et j'enterrerai tout au fond du jardin. Tes frusques, tes souliers, ta casquette. J'ignore ce qu'on t'offrira, mais je suis certain que tu te sentiras plus à ton aise, que tu seras tout de suite un autre homme. À Munich, si j'avais réfléchi… Même au marché noir ! Et il y a longtemps que tu aurais le sourire, Stefan Volker. Tu entends ?

— J'entends, dit Stefan.

— Et ça ne te fait pas plaisir ? »

Stefan haussa les épaules.

« À quoi bon vous donner tant de peine pour moi ?

— À quoi bon ! » s'écria Henckel.

Mais il ne sut que répliquer. Et, en descendant l'escalier, il répétait encore, haussant lui aussi les épaules :

« À quoi bon ! À quoi bon ! »

Le bol, la serviette blanche, les tranches de pain dans l'assiette, le pot de confiture, la table et sa toile cirée dont les fleurs rouges brillaient, éclatantes comme des décalques d'enfant, l'odeur de lait chaud, Helga, une casserole à la main, debout près du fourneau de faïence, et qui se retournait en souriant… Tout cela était si loin. Il y avait eu, depuis, tant de matins différents, tant d'autres habitudes, simples, rudes aussi, auxquelles il s'était fait de bon cœur, et qui ne l'empêchaient pas de vivre, cependant. Des années qu'il se contentait d'une tasse de mauvais café avalée au comptoir d'un bistrot, sorte de rite qu'il aurait pu tout aussi bien bannir de son existence, sans en souffrir, comme d'autres besoins du même ordre, réputés indispensables, et qu'il croyait tels autrefois…

Était-ce donc si bon, pourtant, de renouer avec une tradition de ce genre, de se voir attendu et choyé ? Et si difficile de ne pas se laisser prendre au piège ? Il avait préparé les mots d'usage : « Bonjour, madame Henckel », mais il ne parlait pas, redoutant de se trahir.

« Bonjour, Stefan », dit Helga.

Elle venait vers lui. Il tendit la main, brusquement.

« Bonjour, madame... »

Comme elle avançait encore, en disant :

« Tu ne veux pas m'embrasser ?

— Je suis trop sale, répondit-il. Vous voyez bien... Pas rasé depuis huit jours... »

Et il regrettait beaucoup son entêtement, cette négligence préméditée à l'intention de Julius, un pauvre moyen de défense pour accroître sa lassitude, sa répugnance même, jusqu'à ce qu'il se réjouît de le laisser repartir et vivre à sa guise.

« Comme tu voudras, mon petit, dit Helga. Mais je t'aime assez, tu le sais bien, pour passer là-dessus et ne pas craindre de me piquer un peu les joues. Si tu crois que Julius est tous les matins aussi frais et rose ! Ça lui arrive bien, quand il a décidé de bouder, de m'offrir sa tête de sanglier toute une semaine... Et je l'embrasse quand même, malgré lui...

— Ne parle pas tant, dit Henckel. Verse-lui plutôt son lait et son café, qu'il se dépêche de reprendre des forces. Et donne-m'en encore un peu, pour lui tenir compagnie. Assieds-toi, Stefan. »

Volker obéit, mais dit aussitôt :

« Il y a longtemps que je ne mange plus le matin. Je ne m'en portais pas plus mal. Mieux peut-être. C'est vrai... J'avais plus d'appétit à midi, et je... »

Il leva les yeux. Henckel le regardait avec un peu d'ironie.

« Je t'écoute... Je t'écoute... Va toujours... »

Stefan déplia sa serviette, la posa sur ses genoux.

« Allons, allons ! dit Henckel. Ne t'occupe donc plus de ce que tu faisais ou de ce que tu feras demain et après. Mange, mon vieux ! Mange ! Et ne pense à rien d'autre. »

Il lui mit du sucre dans son bol, commença de lui préparer des tartines.

« Une ? Deux ? Trois ? Quatre ? Pas de honte, hein ! Nous avons tout ce qu'il faut. Des confitures plein les buffets, plein les armoires ! C'est la distraction de Helga. Le jardin est grand, tu sais. Devant et derrière la maison. Presque un hectare ! Avec des arbres qui plient de partout, l'été ou l'automne, qui regorgent de cerises, de prunes, de pommes et de poires, de ce que tu voudras. Ah ! nous sommes mieux qu'à Cassel ! Le bon air, le silence, un travail qui me plaît rudement... Une maison où l'on peut circuler, aller et venir et se retourner sans se cogner aux murs. Pas de voisins ! Encore une, Stefan ?...

— Non, monsieur Henckel, je n'ai plus faim. »

Il avait mangé lentement, avec beaucoup d'application, de prudence, sans apprécier, trop à son souci de ne rien salir autour de lui, gêné de devoir se pencher, avancer la tête, en une posture dont il ne se désaccoutumait plus et qui lui était d'un grand secours. Et de se croire observé par l'un et par l'autre avait aggravé son malaise. Pourtant, ayant deviné depuis la veille qu'il s'irriterait de toute présence, Helga s'était employée çà et là dans la cuisine, tandis qu'il déjeunait. Mais Henckel, bien qu'on lui eût fait la leçon, ne s'était pas soumis si facilement. Quand Helga lui avait dit : « Il vaut mieux que je lui monte son déjeuner dans sa chambre. Il sera plus tranquille », il avait répondu, après un temps de réflexion :

« C'est un mauvais procédé, Helga. Il doit s'habituer, au contraire. Et je me demande bien pourquoi il ferait tant de façons avec nous. Est-ce que je ne le connais pas mieux qu'il ne se connaît ? Est-ce que je ne l'ai pas éduqué, soigné, mouché comme un gamin qu'il était, quand il a décidé de me faire confiance, une fois pour toutes, et que nous l'avons vu arriver de Bielefeld avec sa petite valise ? Il n'a pas tellement changé au fond. Il a vingt-trois ans, aujourd'hui. Il est manchot. Il a une bien pauvre figure. Il a souffert, payé sa part, mais c'est encore un gosse qu'il faut tarabuster, bousculer, menacer même, pour qu'il marche dans le bon chemin. Laisse, Helga. Il ne court plus, il n'est plus le garçon que j'avais fait, en qui j'espérais tant, mais j'ai toujours des droits sur lui. Plus, peut-être. C'est un autre genre de travail que j'entreprends, une autre lutte, pas très drôle, et je ne céderai pas davantage. Te souviens-tu, quand tu me reprochais de ne l'aimer seulement que parce qu'il était un fameux coureur, de ne souhaiter son retour de la guerre, en bon état, que pour pouvoir le reprendre en main et en faire quelque chose de meilleur encore ? Tu t'en souviens ?

— Alors, tu dois respecter sa peine, sa sensibilité, ne pas le rendre malheureux. Ne le brusque pas pour le moment. Et s'il accepte de manger, tout à l'heure, conduis-toi comme s'il n'était pas là. Parle, parle beaucoup, Julius. De choses et d'autres, en bons vieux amis. Pour l'étourdir un peu, pour qu'il ne se voie pas en train de manger malproprement, comme il me l'a dit hier, d'un ton qui m'a fait bien mal. Ne le regarde pas, ne lui donne pas l'impression que tu le surveilles, n'aie pas cet air insupportable qui te vient sans t'en apercevoir, et qui le blesserait encore. Tu me le promets ? »

Henckel était allé vers la porte de la cuisine, fâché, semblait-il, puis, se retournant :

« Tu as raison. Je ferai mon possible... »

Il avait fait son possible. Bavardé amicalement, servi Stefan en bon père de famille, tenté de le distraire en lui vantant cette maison où sa place était prête. Mais lorgné souvent aussi, entre deux phrases, son bras et son visage, pareillement étonné toutes les fois, se refusant de plus en plus à l'évidence, doutant presque que cet homme fût celui-là même dont il s'enorgueillissait quelques années plus tôt, et soudain prêt à admettre qu'il s'agissait d'un nommé Sporn, tout simplement.

« Une autre tartine, Stefan, allons !

— Non, monsieur Henckel. »

Il avait encore faim, mais tenait à ne pas prolonger l'épreuve, trop heureux de s'en être tiré sans dommage.

Henckel le secoua gentiment.

« Ça ira mieux demain.

— Peut-être.

— Maintenant...

— Maintenant, Stefan, dit Helga, va te promener un peu dans le jardin. Il y fait bon, tu verras. Le soleil chauffe, aujourd'hui. »

Et, à Julius :

« Appelle Spitz. On ne sait jamais avec ce grand fou... »

Stefan s'était levé. Henckel repoussa sa chaise.

« Nous allons nous promener ensemble. Nous avons des tas de choses à nous dire...

— Non, dit Helga. Reste avec moi, Julius. Nous avons à parler, nous aussi. Il faut lui trouver des vêtements. Cet après-midi sans faute... »

Et tandis qu'elle s'apprêtait à ouvrir la fenêtre pour rappeler elle-même le chien, elle fit un clin d'œil à Stefan en lui montrant la porte.

« Va, mon petit... »

Elle le regarda partir de son allure embarrassée.

« Attends ! Je vais te donner des pantoufles de Julius. Elles seront trop petites, bien sûr. Mais en savates...

— Je veux bien », dit-il.

Quand elle revint, Henckel était debout contre la fenêtre, les bras croisés, le nez sur la vitre.

« Il est déjà moins buté, dit-elle. Je suis sûre qu'avec un peu de patience...

— Tu as la manière, toi, s'écria Henckel sans se retourner. Alors, occupe-t'en. Fais ce que tu veux et laisse-moi tranquille. Je te jure que je ne m'en mêlerai pas... Mais si j'avais su...

— Julius !

— Je n'ai jamais eu besoin de toi, il me semble, quand il était question de ses courses et de son entraînement ! J'ai toujours fait ce que je voulais, à mon goût, sans l'avis de personne. Ça m'avait bien réussi, je crois ! Et à lui davantage...

— Ce n'est pas la même chose...

— Qu'est-ce que tu en sais ?

— Je le sens bien, Julius. C'est moi qui lui suis nécessaire. C'est moi qui peux lui apporter un peu d'apaisement, lui faire confiance. Comment veux-tu l'adoucir, le convaincre, puisque tu es tout comme lui en ce moment, orgueilleux et susceptible, prêt à mordre dès que j'essaie de t'aider ? Non, tu ne m'as jamais demandé mon avis, autrefois, et je me suis toujours défendue de t'importuner. Ce que vous faisiez tous les deux était bien, sans doute. Ça ne me regardait pas, bien que je n'aie cessé de m'intéresser à vos efforts, mais discrètement, comme tu le souhaitais. Je n'ai pas eu, quand même, une vie très agréable. Et si je me taisais, si je ne me plaignais pas, si je cherchais à me faire plus petite que je ne suis, c'est que je respectais votre travail et que j'en savais l'importance, pour vous et pour d'autres. Cette fois, c'est à ton tour de t'effacer.

— Voilà !

— Mais de bon cœur, Julius. »

Elle s'approcha de lui, observa son profil rude, ses lèvres qui tremblaient.

« Nous avons pourtant l'âge de nous entendre », dit-elle en souriant.

Henckel ne broncha pas. Puis, éclatant soudain, le menton levé vers la fenêtre :

« Regarde-le ! Regarde-le ! Non, Helga ! Je ne pourrai jamais. C'est mieux qu'il s'en aille. J'en crèverai, sans ça, de l'avoir tout le temps sous les yeux... Après ce que j'ai fait, tout ce que j'espérais ! Ne rien retrouver de lui, le voir se traîner, sale, infirme, comme un vagabond, comme un cadavre ! Il aurait mieux valu qu'il y reste... Pour lui et pour moi !

— Peut-être, dit Helga. Mais tu n'as pas le droit de le penser, Julius. Et maintenant qu'il est là, avec nous, nous ne pouvons l'abandonner. Je sais que tu souffres. C'est la pire chose, bien sûr. Alors, essaie d'oublier ce qu'il était, et qu'il a pu t'appartenir. Considère-le comme un autre homme, un homme qui passait, que tu as recueilli, sans rien en connaître, sans rien en attendre. Comme s'il s'agissait d'un enfant, plutôt, que seule une femme peut assister. »

Henckel contemplait fixement le jardin. Helga détourna les yeux, découvrit Volker adossé contre un arbre, les bras le long du corps.

« Sait-il que sa mère est morte ? Peut-être n'est-il jamais revenu à Bielefeld ?

— Demande-le-lui, si tu t'en sens le courage. Moi, j'y ai renoncé. Il est là, qui serre les dents, qui s'obstine à ne pas vous entendre, qui fait tout pour vous dégoûter. Le vide, voilà ce que tu as en face de toi ! Le vide, Helga ! Et si par malheur tu avances un mot qui ne lui plaît pas, il se déchaîne, il te cingle un bon coup, et tu n'as plus envie de lui dire quoi que ce soit. Un malade, c'est un malade ! Autrement, il aurait pitié de nous, lui aussi. Il comprendrait que nous avons hâte de savoir tout de lui, que cette situation est infernale. Où a-t-il été blessé ? Comment ? Qu'a-t-il fait depuis ? Pourquoi a-t-il pris ce nom de Sporn ? Et ses papiers ? Pourquoi n'a-t-il pas cherché à nous joindre ? Pourquoi n'est-il pas venu tout de suite vers nous ? Ça ne t'intéresse pas, toi, de voir son bras ? Pas pour nous apitoyer, bien sûr, et le plaindre, et pousser des cris ! Mais pour voir, quoi ! Je ne peux quand même pas le coincer contre un mur, le déshabiller de force et lui dire : "Tu vas parler, hein ? Tu vas parler, Stefan ? Tout nous raconter !" Quand j'ai voulu sortir avec lui dans le jardin, tout à l'heure, c'est que je pensais bien l'interroger gentiment, sans le bousculer, et en terminer une fois pour toutes. Mais toi...

— Je l'ai fait exprès, dit Helga. S'il se tait, c'est qu'il a ses raisons. Il n'est pas malade. Il n'est pas fou. Il souffre, voilà tout. Trop fier pour accepter notre aide, de bonnes paroles seulement, et parce qu'il craint qu'on ne s'y prenne mal, il choisit une attitude qui le préserve et qu'il croit la meilleure. Mais si fort qu'il soit, si endurci, il finira par se rendre. Il aura besoin de quelqu'un, malgré lui. Sa peine, sa solitude lui pèseront trop. Un jour, alors que nous ne nous y attendrons plus, il viendra vers nous, avec la même confiance qu'autrefois...

— Je n'aurai pas la patience, dit Henckel.

— Si, Julius. Tu as bien eu la patience d'espérer durant des années. Mais, ce jour-là, peut-être n'est-ce pas à toi qu'il aimera se confier. Il ne faudra pas nous en vouloir... »

Henckel haussa les épaules. Un moucheron zigzaguait sur la vitre. Il étendit la main, prit plaisir à l'affoler avant d'appuyer son pouce.

« Pour le moment, nous devons lui trouver quelque chose de moins ridicule à se mettre. Peut-être qu'une fois habillé comme tout le monde... Si tu allais chez Mme Bockmann, Helga ? Son fils était de la taille de Stefan, paraît-il. Et maigre comme lui...

— Elle n'y consentira jamais, dit Helga. Ce sont des reliques qu'elle conservera jusqu'à sa mort. Et puis, pour Stefan...

— Alors, donnons-lui le survêtement qu'il avait laissé chez nous, à Cassel. Il est au grenier, dans la malle verte. C'est celui qu'il portait à Stuttgart, le jour de son record. Je n'ai pas oublié, tu sais...

— Et lui, Julius, crois-tu qu'il a oublié ? Est-ce qu'il ne va pas s'irriter davantage ? Y voir une intention méchante ? Le mieux, ce serait d'aller à Fulda. Friedrich et Paula pourraient nous aider. Il faut leur écrire, Julius...

— Oui, dit Henckel. C'est une idée. D'ailleurs, je me dois d'avertir Voldemar... »

Il se lava soigneusement les mains, s'installa dans la salle à manger, commença d'écrire. Puis il s'arrêta, réfléchit un instant, remit son stylo dans sa poche. Et après avoir roulé longtemps la feuille de papier entre ses paumes, il la lança sur la tête de Spitz qui somnolait, couché en travers de la porte.

VI

Bien avant que Henckel et sa femme fussent levés, Volker s'en allait vaguer dans les bois étagés autour de Mielberg, sur les collines basses, de faible pente, que les gens fréquentaient encore un peu, l'hiver finissant à peine. Il quittait sa chambre avec de grandes précautions, s'arrêtait dans le couloir, écoutait Spitz souffler derrière la porte de la cuisine, puis, au milieu du jardin, se retournait pour le contempler, dressé contre la fenêtre, les oreilles hautes, le museau sur la vitre. Il eût aimé l'emmener, le regarder marcher à ses côtés ou courir entre les arbres, dévaler les chemins, flairer les buissons. Il eût aimé s'amuser de ses propres joies. Mais Spitz, quoi qu'il fît pour l'amadouer, restait distant, l'ignorait, semblait-il, peu prodigue de sa sympathie et de sa fidélité. Souvent, Volker avait ouvert la porte de la cuisine.

« Viens, Spitz... Viens te promener... »

Le chien s'était toujours éloigné, dédaigneux, pour se recoucher sur son sac, la tête ostensiblement tournée contre le mur.

« Imbécile ! »

Ce comportement le vexait. Il en souffrait comme de l'attitude insolente d'un être humain.

« Il me tolère pour ne pas désobéir à ses maîtres. Mais il se demande ce que je fais ici, de quel droit je vais et viens dans la maison. Et il se refuse à aboyer ou à me montrer les crocs. Je suis indigne de son intérêt. »

Il lui tirait la langue, lui faisait des grimaces.

« Tu seras bientôt tranquille. Je te débarrasserai de moi pour de bon… »

Mais il se retournait cependant avant de franchir la grille du jardin, désolé si le chien n'apparaissait pas à la fenêtre, heureux ou réconforté s'il l'y voyait, esquissant alors un geste d'adieu, comme pour se faire pardonner sa rudesse. Dans le même temps, il regardait aussi vers la chambre des Henckel, avec la crainte d'entendre Julius lui crier une nouvelle fois : « Bonne promenade, Stefan ! » d'un ton qui démentait l'amabilité. Mais Henckel avait pris son parti des agissements de Volker, de ces sorties insolites, de la dissimulation constante de ses sentiments, un comportement d'enfant boudeur, hostile et mécontent sans raison.

Le premier jour, Helga s'inquiétant qu'il ne fût pas encore descendu à la fin de la matinée, Henckel avait cru à une attitude concertée, à quelque mouvement de mauvaise humeur.

« Une lubie de plus. Quand il aura bien faim…

— S'il était malade ?

— Malade ? Allons donc… Tu dramatises tout par plaisir !

— Je vais quand même voir…

— J'irai, moi. »

Helga l'entendit marmonner en montant l'escalier, puis crier du seuil de la chambre :

« Il est parti, l'animal ! En cachette, comme un malpropre. Et sans un mot de remerciement. Un beau résultat ! »

Mais Helga, le rejoignant, ouvrit l'armoire, aperçut les objets de toilette rangés sur la planche, le paquet de vieux vêtements toujours à sa place.

« Je savais bien ! Il ne nous aurait pas quittés si tristement. Il est allé faire un tour, voilà tout. Tu ne peux l'empêcher de sortir, Julius !

— Bien sûr que non ! Mais pourquoi n'a-t-il rien dit ? L'envie lui serait venue brusquement, en pleine nuit, de visiter Mielberg ? Car il a dû s'y prendre de bonne heure, j'imagine... »

Helga regardait la chambre, la fenêtre entrebâillée, l'édredon bien à plat sur les couvertures.

« En tout cas, dit-elle, il se donne beaucoup de peine pour m'en épargner. Rien ne traîne. Rien n'est en désordre. Il refait son lit chaque matin, et ça ne lui est sans doute pas facile. Moi, je trouve qu'il se conduit très bien, vois-tu. Comme auparavant. Ce qui compte, c'est qu'il ait toujours le respect de soi-même et celui des autres.

— Le respect ? s'écria Henckel. Mais il n'en a plus le moindre pour moi ! Il se paie ma tête, ton Stefan. Il m'humilie à longueur de journée. En voilà encore une preuve. Qu'il fasse son lit, qu'il ne salisse pas ton cabinet de toilette, qu'il s'essuie les pieds avant d'entrer dans la maison, je m'en fiche bien de tout ça ! J'aimerais mieux qu'il mette tout sens dessus dessous et qu'il soit un peu plus aimable avec moi. Que je sache au moins ce qu'il pense et ce qu'il veut. Tout à l'heure, je lui dirai deux mots, et nous verrons lequel aura raison de l'autre.

— Lui, bien sûr, dit Helga. Parce que tu sais, au fond, qu'il a droit à toutes les excuses. »

Ils l'attendirent vainement pour déjeuner. Stefan revint à la nuit alors qu'ils s'attablaient. Ils épièrent ses pas tandis qu'il traversait le jardin, retenant leur souffle.

« Bonsoir, dit Stefan en entrant.

— Bonsoir », répondirent-ils ensemble.

Puis Helga, tout de suite :

« Tu dois mourir de faim ? Si longtemps sans manger ! Tu aurais pu te préparer quelque chose, ce matin... Ce n'est pas raisonnable...

— Si ça l'amuse ? dit Henckel. Si ça l'amuse de nous contrarier ? Il savait bien que nous nous ferions du souci. »

Il quêtait une explication, un regret.

« Où étais-tu ?

— Dans la forêt, monsieur Henckel.

— Toute la journée !

— Toute la journée. J'étais seul, j'étais bien. Je pensais...

— À quoi, bon Dieu, je me le demande ! Pas à nous !

— Si, parfois. Mais surtout à moi, monsieur Henckel.

— Et tu t'estimais satisfait, la conscience tranquille ?

— Oh ! non !

— Alors ?

— Jamais je ne m'étais si bien vu, tel que je suis. Je ne vaux plus grand-chose...

— Ça veut dire ? »

Stefan haussa les épaules, enleva quelques aiguilles de sapin collées à son pull-over.

« Vous ne pouvez pas comprendre, monsieur Henckel.

— Je suis trop bête ! cria Julius. Seulement, tu as été bien aise, un jour, de me trouver sur ton chemin... Dans ce temps-là, tu avais besoin de mes services. Je comptais, j'avais de l'importance, tu ne jurais que par moi. Tu n'hésitais pas, non plus, à me raconter toutes tes petites histoires. Quand ça ne tournait pas rond, que tu te sentais fatigué, que tu manquais de confiance, ou que tu avais des ennuis dans ton travail à ton usine de Bielefeld, tu ne craignais guère de me demander conseil. Sans moi, si bête que tu me juges, tu ne serais pas devenu ce que tu étais. Et aujourd'hui, quoi que je fasse pour t'aider encore, tu n'as que de mauvaises paroles à mon égard. Je ne suis pas près de te le pardonner. À moins que tu ne te décides à changer de façon, à nous considérer, Helga et moi, avec un peu plus de gentillesse. Maintenant, assieds-toi, mange, et essaie de ne plus faire cette tête-là, comme si nous te rendions la vie impossible, comme si nous étions tes bourreaux. »

Stefan demeurait immobile, les yeux baissés, puis, se retournant soudain, il ouvrit la porte.

« Où vas-tu ? cria Henckel.

— Me coucher !

— Reste là, dit Henckel en marchant vers lui. Ou bien tout sera fini entre nous et tu iras voir ailleurs si les gens sont aussi bons...

— Calme-toi, dit Helga. Et toi, Stefan, oublie tout ça. Tu sais que nous t'aimons bien, que nous ferions tout pour te savoir heureux...

— Justement ! » dit Stefan en refermant la porte.

Il ne parla plus de tout le repas. De temps en temps, Henckel et sa femme se regardaient, décontenancés, le regardaient aussi furtivement, se promettant chacun de son côté plus d'indulgence, de compréhension. Henckel se reprochait sa colère, cette évocation maladroite d'une époque dont le souvenir devait hanter Stefan et le déchirer. Cependant, il ne pouvait approuver ce refus de toute sympathie, sa volonté maladive de vivre à l'écart, de supporter seul sa malchance, d'opposer sa hargne, son aigreur à leurs bonnes intentions, d'accroître le malaise qui les faisait maintenant se craindre et se heurter.

« Il s'ennuie, bien sûr. Il lui faudrait une occupation. Un travail qui l'intéresse, qui l'absorbe assez pour l'empêcher de trop penser à lui, à ce qu'il était et à ce qu'il deviendra. Sans doute souffrait-il moins à Munich. Il vendait ses journaux. Il gagnait son pain convenablement, honnêtement, sans l'appui de personne. C'était peu. Mais il voyait là un réconfort, la preuve qu'il n'était pas tout à fait inutile, tout à fait fini... »

Quand Volker se leva de table, il lui dit, s'obligeant à beaucoup de cordialité :

« Demain, si tu veux, Stefan, tu m'accompagneras au jardin. J'ai des semis à préparer. On perd du temps, tout seul.

— Oui ! dit Stefan. Je vous tendrai les paquets de graines, comme un gosse ? Et je remuerai ma manche pour faire peur aux moineaux... Je retournerai dans la forêt. Là-bas personne ne me parle, et je n'ai à répondre à personne... »

Henckel chercha ses mots, en revenant vers sa chaise :

« C'est peut-être mieux, en effet, dit-il. Alors, ne te gêne pas pour nous... Bonne nuit ! »

Volker usa de cette permission sans paraître remarquer jamais le dépit et l'amertume de Julius Henckel. Il éprouvait un tel soulagement à ne plus l'avoir à ses côtés des journées entières, à fuir sa surveillance inconsciente, ses coups d'œil, ses interrogations muettes ou point déguisées, tout un intérêt qu'il jugeait immérité, blessant même, que d'autres sentiments, plus charitables, ne l'eussent pas retenu. En se dérobant aux soins de Helga, à des attentions qui le touchaient et l'affectaient à la fois, en se privant de quelques repas, de l'aide matérielle qu'on lui avait imposée, en cachant surtout sa déchéance, il croyait se sauver d'une autre disgrâce. Mais l'apaisement ne venait pas sans lutte, sans concession. Tenace, elle aussi, Helga ne cédait pas devant l'indifférence de Stefan et ses rebuffades. Elle s'employait au contraire à mieux lui prouver son affection, mutipliant les prévenances, et de telle manière qu'il ne se sentait pas toujours le courage de les ignorer.

Chaque soir, et peut-être à l'insu de Henckel, elle déposait une collation devant la porte de sa chambre. La première fois, le sachet de fruits et de tartines à la main, Stefan hésita longtemps. Puis il le remit en place, descendit l'escalier. Pour remonter aussitôt, songeant à Helga et à sa déconvenue.

« Je lui dirai que je ne veux pas... J'ai bien assez déjà pour ce que je fais... »

Mais il n'osa plus en face de son sourire, de son regard un peu complices. C'est elle qui semblait le remercier, lui savoir gré de sa délicatesse. Et désormais il continua d'emporter sa provision de vivres pour la journée, se plaisant même à déjeuner seul, au pied d'un arbre.

Cet isolement, sa facile victoire sur Henckel, les preuves qu'il se donnait de sa fermeté, tout cela suffit quelque temps au bien-être de Volker. Il s'allongeait à l'écart des chemins, rêvait, s'amusait à des jeux d'enfant avec ce qu'il découvrait autour de lui, les fourmis, les insectes, les brindilles, les pommes de pin. Il sommeillait le plus souvent, vautré sur la terre, le visage entre les bras, se réveillait, évaluait l'heure, et se rendormait vite, appréciant ce refuge où tout se simplifiait.

L'inaction finit par le tourmenter. Il en eut honte, et le souvenir de Munich, de son travail, d'une vie réglée, profitable à lui comme à d'autres, lui fut un supplice. Il maudissait son indolence, sa lâcheté, sa peur d'entreprendre quelque chose de décisif qui lui eût rendu le calme. Il tapait du poing sur le sol, parlait haut, prêt à pleurer.

« Je m'en irai ! Je m'en irai demain... »

Mais, sans argent, et redoutant surtout que Henckel ne se mît à sa recherche, il retardait chaque jour son départ en se justifiant de son mieux.

« Il me rattrapera, et je serai forcé de le suivre. Je ne peux rien faire contre lui. Il aura toujours raison. Devant tout le monde. On ne comprendra pas que je me plaigne de ses bontés, que je refuse d'être nourri, dorloté comme un malade, comme un infirme que je suis. On ne me comprendra pas. Même la police. »

Et sous le coup de sa colère il parcourut alors la forêt, s'exténua dans des marches sans répit, escaladant, dévalant les collines, soudain pris d'un grand besoin d'efforts, malmenant son cœur et ses muscles, allant au-delà de son énergie, de sa fatigue, souvent près de s'abattre, mais retirant de cette lutte le goût du défi ou de la mortification. Pour la première fois depuis la guerre, il astreignait de nouveau son corps à de rudes peines. Sans doute ses conditions de vie à Munich, la rigueur de son métier avaient-elles préservé sa résistance. On eût dit cependant qu'il voulût d'emblée dépasser ses limites, que cette violence, cette rage de mouvement fût méditée, comme s'il y voyait, en sachant les risques, une forme de suicide honorable.

Parfois, près de parvenir au sommet d'une montée pénible, et titubant, la poitrine, la tête martelées, plutôt que de souffler il se traînait sur les derniers mètres, défiguré, arrachant ses jambes rompues, s'agrippant aux racines, ou soutenant son bras mutilé soudain trop lourd, et douloureux.

« Fini, Volker ! Fini ! »

Au faîte de la pente, il se redressait pour une longue aspiration. Blême, les yeux voilés, il tâchait de vaincre une sorte de nausée, de vertige comme il n'en avait jamais connu durant ses courses les plus éprouvantes. À peine remis, il se lançait sur le versant opposé, zigzaguait entre les sapins, sautant les souches, giflé aux branches, mais poussant à fond son cœur, ses muscles, toute sa chair, et content que la déclivité l'empêchât de demander grâce.

Un jour, heurtant un arbre, il roula, comme mort, jusqu'à ce qu'un buisson l'accrochât enfin. Il resta là, étendu, le front sur son bras, si durement secoué par sa respiration qu'il semblait pleurer. Puis il se retourna, passa sa main sur son visage écorché.

« Il viendra me chercher s'il le veut... »

Mais, à la nuit, grelottant, honteux de cette résolution puérile, il décida de rentrer. Il se promettait de gagner directement sa chambre, pour s'épargner bien des questions.

« Alors ? dit Henckel en le rejoignant dans l'escalier. Tu nous as trop vus, aujourd'hui ? Et nous ne méritons pas, sans doute, que tu nous salues avant d'aller te coucher ? »

En le tirant vers la cuisine, il remarqua le sang sur son visage, ses vêtements salis, le pantalon troué.

« Qu'est-ce que tu as fait ?

— Du sport ! » répondit Volker d'une voix inhabituelle, presque un éclat de rire, à tel point que Henckel le crut fou.

Et comme Helga s'exclamait : « Sa figure ! Dans quel état ! », il dit, s'essuyant les joues de sa manche vide :

« Ce n'est rien ! Elle en a pris d'autres, ma figure. Quoi qu'il m'arrive, je ne peux mieux l'amocher, à présent... »

Julius se retint de l'interroger. Mais au moment où Stefan, se levant de table avec bien des difficultés, partait, traînant la jambe :

« Qu'as-tu donc fabriqué ? dit-il. On croirait que tu t'es battu ?

— C'est ça, monsieur Henckel. Avec moi-même ! Et une drôle de bagarre !

— Explique-toi, bon Dieu !

— Je vous ai tout dit. Sauf que vous auriez dû me conseiller le steeple, autrefois. J'ai manqué ma vocation. Dommage ! Si vous m'aviez vu, tout à l'heure ! J'en valais la peine ! La grande perche de Volker, bancal, estropié, qui essayait de battre des records, tout seul, à plat ventre, et qui se cassait le nez sur les obstacles ! Mieux qu'à Stuttgart, monsieur Henckel ! En pleine forme ! Mais personne dans les tribunes, personne pour applaudir le champion ! Personne pour profiter de la séance et rire un bon coup, comme dans le temps, quand Vronsky barbotait au passage de la rivière… Vous vous souvenez, monsieur Henckel ? Autre chose, pourtant, Volker ! Plus fort que Vronsky ! Plus comique ! »

Il se démenait, il riait, il regardait Henckel avec des yeux terribles.

« Tais-toi ! cria Julius. Tais-toi !

— Pourquoi, monsieur Henckel ? Il faut bien que je vous amuse un peu. Je ne suis pas gai tous les jours…

— Tais-toi, je te dis. Et monte te coucher… »

Helga osa enfin se lever. Elle avait écouté Stefan avec stupeur, et, maintenant appuyée à la table, elle s'efforçait de réprimer le tremblement de ses mains, de ses lèvres qui remuaient comme si elle préparait les paroles nécessaires.

« Oui, dit-elle, va te reposer, mon petit. Tu en as besoin. »

Elle s'avança, prête à l'entraîner. Mais Volker lui échappa.

« Merci, dit-il. C'est gentil d'avoir pitié de moi, du pauvre type que je suis devenu. M. Henckel aussi a pitié de moi ! Tout le monde ! Mais pas moi, vous voyez ! Pas moi ! »

Il avait alors résolu de s'en aller. Le souvenir de cette scène ridicule suffirait, pensait-il, à le fouetter s'il flanchait au dernier moment. Il s'en persuada avant de pouvoir s'endormir, se demandant ce qu'il convenait de faire pour que tout se passât bien, sans heurts, sans brusquerie de part et d'autre.

Lorsqu'il descendit, le matin, portant sa valise et vêtu de ses guenilles, Helga était seule à la cuisine. Elle l'accueillit sans surprise. Il semblait qu'elle s'attendît à cette conclusion, qu'elle en eût eu le pressentiment après son algarade de la veille, et qu'elle fût enfin d'accord.

« Pourquoi as-tu remis ces vieilles choses ? dit-elle. Les vêtements que nous t'avions donnés sont à toi, Stefan. Je comptais raccommoder ton pantalon... Ç'aurait été vite fait... »

Il la regardait s'essuyer les mains à son tablier, ne se risquant pas à lever les yeux jusqu'à son visage.

« Débarrasse-toi, dit-elle. Tu vas déjeuner... Mange bien surtout. As-tu faim ?

— Oui, madame Henckel. »

Il posa sa valise, hésita avant de s'asseoir.

« Il ne faut pas m'en vouloir, dit-il. Vous avez tout fait pour moi, mais c'est mieux que je parte. C'est mieux...

— Je te comprends bien, mon petit.

— Mais M. Henckel...

— Julius aussi te comprend, maintenant. Nous avons beaucoup parlé, cette nuit. Raisonnablement. Nous nous sommes dit que nous n'avions plus le droit de te garder près de nous, qu'il serait difficile de t'apporter un peu de paix, que nous te rappelions trop les jours où tout était beau pour toi, pour tout le monde, et que tu ne te sentirais plus jamais heureux avec Julius. Mais toi, Stefan, tâche d'être indulgent. Oublie ses colères. Oublie qu'il t'a parfois bousculé. Il s'est trompé et il le regrette. Il t'avait attendu si longtemps, le pauvre vieux ! Il a tant fait pour te retrouver. Il faut le comprendre, lui aussi. Mange, à présent. Je vais te préparer quelque chose pour ton voyage. Et je t'enverrai des colis à Munich. Je voudrais que tu n'aies pas une vie trop dure. Que tu goûtes encore de bons moments, malgré tout... »

Volker s'assit sans répondre, commença de boire son lait. Helga, qui le regardait à la dérobée, crut voir des larmes sur ses joues. Elle craignit alors de ne savoir cacher sa propre peine ; et, se détournant, elle se demandait s'il était bien humain de le laisser partir ainsi, s'il ne fallait pas, une dernière fois, tenter de le secourir contre son gré. Elle ouvrit le buffet, se pencha entre les portes.

« Si tu as envie de revenir, un jour, dit-elle, il faudra le faire tout de suite. Peut-être qu'en pensant à nous, là-bas, en réfléchissant sagement, tu t'apercevras que tu n'étais pas si mal, ici... Qu'avec un peu de patience, nous aurions pu, tous les trois... »

Deux pots de confiture dans les mains, elle se releva au bruit de sa chaise qu'il remuait.

« Lequel veux-tu ? Cerises ou quetsches ? »

Il était debout, tirant sur sa veste fripée.

« Je ne mérite rien, madame Henckel. Je suis fait pour rester seul, maintenant. Jusqu'à la fin. Je suis malheureux, bien sûr, mais ça n'y changera guère que les autres le soient aussi, pour moi, à cause de moi. Vous me gâtez comme me gâtait ma mère quand elle le pouvait. Il faudrait au moins que ça serve à quelque chose. Que vous en soyez récompensée. Que je vous offre un vrai sourire de temps en temps. Seulement, je ne peux pas. Je pense trop, madame Henckel. J'ai eu tout ce que je désirais, autrefois. Ce bonheur-là m'appartenait bien. Je l'avais gagné durement, et j'étais prêt à travailler plus durement pour n'en être pas privé trop tôt. Je courais, et rien d'autre ne m'intéressait. Quoi qu'on fasse, on ne me rendra pas ce que j'ai perdu. Personne ne m'empêchera de penser que je ne suis plus rien qu'un pauvre type, juste capable de manger et de dormir. Personne, madame Henckel. Même ma mère n'aurait rien pu pour moi. C'est difficile de s'habituer à la pitié. De se dire qu'on n'inspirera jamais plus aucun autre sentiment, que les gens se croiront toujours obligés de vous contempler d'un œil triste, de vous plaindre, de vous endurer, sans rien apprécier de vous qu'un bras démoli, une sale figure, et que cela suffira à vous donner de l'importance, où que vous alliez, où que vous soyez…

— Julius et moi, nous n'avions pas pitié de toi. Nous t'aimons, voilà tout…

— Oui, madame Henckel. Mais pour quoi, maintenant ? Pour quoi ? Est-ce que je vous apporte des satisfactions, un peu de tendresse, un peu de fierté, surtout, quelque chose qui vaille vraiment que vous m'aimiez ? Et moi qui vous aimais bien, aussi, je finissais par vous détester de trop vouloir m'être agréable pour me consoler… Partout où l'on m'a soigné, dans tous les hôpitaux, on ne se gênait pas de me réconforter. On se penchait sur moi de toutes parts, avec les mêmes visages, les mêmes sourires, les mêmes paroles. Les infirmières, les sœurs de charité, les pasteurs, les majors, tout le monde, tous ceux qui étaient en bon état et qui se mettaient à ma place, comme s'il s'agissait de leur bras et de leur figure. “Il ne faut pas être malheureux comme ça ! Vous verrez que tout ira bien et que vous vous y ferez vite. Regardez autour de vous, Volker. Est-ce que vous n'êtes pas mieux, au fond, que le petit Hackmann avec ses deux jambes coupées ? Ou que le gros Strumke qui n'a plus de nez, plus d'yeux, plus de bras ?” Puis ils me quittaient pour se pencher sur d'autres lits, sur d'autres garçons, et leur dire qu'ils ne devaient pas se plaindre, eux non plus, que le grand Volker, à côté d'eux, avec sa main en moins et sa gueule en bouillie, était autrement plus misérable… Entre nous, entre camarades, nous nous comprenions mieux. Nous savions trop bien ce que nous étions, ce que nous valions, ce que nous allions devenir. Nous ne nous consolions pas les uns les autres. Chacun s'occupait de soi. Et quand nous nous abordions, c'était toujours simplement, sans grimaces, sans intentions superflues. Avec le ton qu'il fallait. Comme Koplitz, Kurt Koplitz que M. Henckel connaît bien, et que j'ai rencontré à l'hôpital de Stettin... "Sacré Volker, me dit-il, toujours de la chance. Un coureur manchot, ça peut encore courir. Mais un sauteur cul-de-jatte, Volker, qu'est-ce que ça peut bien encore sauter ? Les trottoirs et les caniveaux, non ? Seulement, après une guerre pareille, il y aurait une fameuse concurrence pour le record du monde, pas vrai ?" Et nous avons ri, nous avons ri tous les deux, madame Henckel ! »

Helga n'avait cessé d'aller et venir tandis qu'il parlait, s'évertuant à rassembler tout ce qu'elle lui destinait pour son voyage. Mais, bouleversée, errant de la table au buffet, prenant, puis reposant chaque chose pour la reprendre encore, elle avait fini par s'appuyer à une chaise, près de défaillir, sans vouloir cependant l'interrompre et le supplier de se taire. Et là, les yeux fermés, face à Stefan qui continuait de l'accabler sans rien voir, elle s'était dit qu'il fallait tenir, l'écouter jusqu'au bout, que cette confession arrivait à son heure, qu'il s'en délivrait comme d'une faute trop longtemps dissimulée. Sans doute cherchait-il à se convaincre lui-même, à justifier sa résolution, à l'excuser, pour qu'une fois la porte franchie d'autres regrets n'ajoutent pas à ses souffrances... Toutes ses raisons n'étaient pas honnêtes. Il s'y mêlait beaucoup de rancœur, un ressentiment aveugle qui n'épargnait personne, qui le mortifiait, mais qu'elle lui pardonnait pourtant.

« Koplitz se trompait. Je n'ai pas eu de chance, madame Henckel. J'aurais dû rester à Friedland avec les autres... »

Elle rouvrit les yeux. Julius l'appelait du jardin. Elle se jeta vers la fenêtre, bénissant cette trêve. Volker entendit Julius réclamer une vieille paire de ciseaux, puis demander :

« Est-il descendu ?

— Oui », répondit Helga, simplement.

Elle chercha les ciseaux dans un tiroir.

« Porte-les-lui, Stefan... »

Et comme il prenait sa valise :

« Tu as encore le temps, dit-elle. Tu reviendras m'embrasser. J'aurai fini de préparer ton paquet...

— J'aime mieux partir tout de suite, dit Stefan. Plus j'attendrai, madame Henckel, plus ce sera dur. Et le plus difficile n'est pas fait...

— Oh ! n'aie crainte, dit Helga. Julius est trop malheureux pour te reprocher quoi que ce soit. Tout se passera bien, Stefan, tout se passera bien. Donne ta valise. Je vais y ranger ces petites choses. Ce sera plus commode, après tout... »

Il s'en alla très vite, et il était déjà dans le couloir quand elle lui dit :

« Sois toujours courageux. Comme tu l'es maintenant... »

Baissé sur son cordeau, Henckel laissa Volker s'approcher. Il l'avait entendu venir derrière lui, au crissement du gravier, sans toutefois juger bon de lever la tête pour l'accueillir. Il vérifia longuement la tension du cordeau, mais il ne voyait plus que les vieilles chaussures, de l'autre côté du plant, et la valise qui se balançait avec un cliquetis insupportable.

« Monsieur Henckel, dit enfin Stefan, je vais partir...

— Je m'en aperçois, dit Julius en se redressant. Je m'aperçois aussi que tu as préféré reprendre tes nippes... Je ne t'en veux pas, Stefan. Oh non ! Helga a dû t'expliquer... Alors, pas de questions, pas d'excuses inutiles. Tout cela devait arriver un jour ou l'autre. Nous n'étions plus faits pour nous comprendre, tous les deux. À présent, tout ira bien. Nous respirerons à notre aise, nous dormirons d'un meilleur cœur. Tu auras ton travail, celui que tu as choisi. Je continuerai de semer mes salades, de regarder mûrir mes pommes, et la vie marchera à son rythme, doucement, doucement, pour la tranquillité de tout le monde. Voilà, mon garçon. »

Il frotta ses mains sur sa veste, prit son portefeuille.

« Tu vas refuser, bien sûr. J'insisterai. Je veux faire tout ce qui m'est possible. Pas seulement pour toi, Stefan. Parce que je tiens à être en paix avec moi-même...

— Moi aussi, dit Stefan. Je ne suis pas un mendiant. Je vivais mal, je vivais peu, mais par mes seuls moyens, tout estropié que je suis. Je recommencerai...

— Et ton voyage ? Comment feras-tu pour retourner à Munich ?

— Je me débrouillerai. »

Henckel remit l'argent dans son portefeuille.

« Je te le souhaite. Mais si tu changeais d'avis, en chemin, si tu pensais qu'accepter une poignée de marks ne t'obligerait pas, toute ton existence, à raser les murs comme un voleur, souviens-toi que je suis là et que je n'ai pas de rancune. Maintenant, nous n'avons plus grand-chose à nous raconter. Il vaut mieux y aller carrément. Alors, au revoir, Stefan. Et débrouille-toi bien, comme tu dis. »

Il tendit la main, un geste qu'il n'avait jamais osé depuis leur rencontre à la gare de Munich, de peur d'une maladresse, d'une hésitation qui les eût gênés l'un et l'autre. Surpris, Volker s'apprêtait à poser sa valise. Mais Henckel la saisit brusquement. Et lui serrant la main avec rudesse :

« Tiens-toi bien, quoi qu'il t'arrive...

— Au revoir, monsieur Henckel, dit Stefan en s'efforçant de le regarder en face. Je vous remercie pour tout.

— Me remercier de quoi ? De t'avoir fait du mal, de t'avoir harcelé bêtement, de m'être conduit avec toi comme une brute ? Allons ! Va-t'en vite... »

Il ramassa son râteau, l'appuya de biais sur la terre, commença de tracer un sillon pour ses graines. Il semblait que rien d'autre ne l'intéressât plus. Le temps qu'il avait décidé d'accorder à Stefan était écoulé. Il reprenait placidement son travail, s'y absorbait, étranger, désormais, à tout ce qui pût l'en distraire. Quelques secondes, Volker le regarda traîner son râteau le long de la corde. Puis, Henckel s'agenouilla pour enlever des cailloux qui affleuraient. Il prit ensuite son chronomètre dans la poche de son gilet.

« Tu as un train dans vingt minutes. Tu changeras à Würtzbourg… »

Il n'avait pas relevé la tête. Stefan contemplait ses épaules massives, sa nuque rouge, se rappelant soudain Henckel dans cette posture au bord d'une piste, le chronomètre en main, prêt à lui crier une indication, à l'encourager d'un signe, d'un clin d'œil…

« À Würtzbourg, oui… Au revoir, monsieur Henckel…

— Au revoir, Stefan. »

Au bout de l'allée, Volker se retourna. Julius Henckel n'avait pas bougé. Il était toujours agenouillé, le visage penché sur sa main, un peu plus affaissé, un peu plus vieux.

« Je lui fais de la peine… »

Il ouvrit la porte du jardin avec de grandes précautions, comme s'il voulait que rien ne trahît son départ, que Henckel ne le vît pas disparaître.

« Stefan ! »

Henckel se redressait, venait vers lui. Volker fit quelques pas à sa rencontre.

« Je ne sais si j'agis bien, Stefan. Tu avais déjà quitté la maison… Je te rappelle… Nous nous retrouvons au même point, l'un devant l'autre, embarrassés, malheureux… »

Il avait conservé son chronomètre dans la main. Il l'examinait en parlant, lissait le verre avec son pouce.

« Je m'y suis mal pris. Mais nous pouvons essayer encore une fois de nous entendre. Ce serait plus facile, à présent. J'ai réfléchi. J'ai pensé que tu avais raison. Qu'il ne fallait pas que je te brime, que je t'impose mes volontés. Que tu avais bien le droit, aussi, de vivre à ta guise, d'avoir tes idées, tes marottes, de t'en aller quand tu en aurais envie, où tu voudrais, sans avoir de comptes à me rendre. J'accepterai tout, Stefan. J'ai peur, vois-tu, j'ai peur d'être trop seul. Tu es têtu, tu ne nous parles pas, tu as tes soucis, tes peines que tu ressasses, mais nous t'aimons comme tu es, Helga et moi. Et puis, je tâcherai de te faire oublier. Ensemble, nous chercherons un moyen de t'occuper pour que tu sois content de toi et que les jours ne te pèsent plus. Par exemple, je me suis dit que nous irions chez un spécialiste. Il y a de bons appareils. Tu pourrais te servir de ton bras. Te remettre au dessin, petit à petit. Et même exercer ta main gauche. Regarde-moi, Stefan. Est-ce que ça te plairait ? Est-ce que ça ne serait pas mieux que de te trimbaler dans les rues de Munich hiver comme été, par tous les temps, avec ta charge de journaux ?

— Peut-être, monsieur Henckel. »

Son humilité, sa bienveillance, son acharnement le touchaient. Il n'osait plus le décevoir, lui avouer qu'il s'était déjà essayé, à l'hôpital, sur d'autres conseils, à utiliser sa main gauche, mais qu'il avait tout envoyé au diable, le papier, les crayons, les infirmières, et surtout ce crochet de fer qu'on lui proposait « en attendant quelque chose de plus soigné ».

« Tout ira bien, maintenant. Il fallait un grand coup comme celui-là pour arranger les choses. J'en avais gros sur le cœur. J'avais beau me dire : “C'est ma faute. Je n'ai que ce que je mérite...”, je pensais à tous les pas que j'avais faits pour te retrouver et te perdre encore... »

Volker le regardait sourire, son rude visage éclairé d'une joie discrète, et comprenait qu'il n'aurait plus le courage d'aller jusqu'à la porte, de dire une fois de plus : « Au revoir, monsieur Henckel. »

Il détourna les yeux. Derrière la fenêtre de la cuisine, Helga lui adressait un geste timide. Spitz qui dormait, allongé au pied d'un arbre, vint rôder près de lui en s'étirant.

« Alors, dit Henckel, tu restes avec nous, avec moi ? »

Volker ne répondit pas. Il lâcha sa valise, prit un galet, l'approcha de ses lèvres, avant de le lancer dans l'allée avec beaucoup de force et de précision. Spitz le surveillait. Il lorgna Henckel comme pour quêter son assentiment. Puis se décidant, il bondit et revint près de Stefan, la pierre entre les crocs. Stefan tendit la main.

« Tu vois, dit Henckel, il s'est habitué à toi, lui aussi... »

VII

Helga disait à Julius :

« Tu devrais enfin écrire aux Voldemar. Ils seraient si contents tous les deux d'apprendre que Stefan est vivant et que nous l'avons avec nous. Qu'attends-tu ? Que Friedrich arrive un jour à l'improviste, et nous reproche notre impolitesse ? »

Et Henckel répondait :

« Ce n'est pas encore le moment, Helga. Il faut que nous soyons sûrs de Stefan, que s'il décide, plus tard, de nous quitter, personne ne puisse le rencontrer, à Munich ou ailleurs, dans l'état où je l'ai trouvé. Pour lui et pour nous. Je ne me le pardonnerais pas. Et Voldemar ne me le pardonnerait pas non plus. »

Mais il n'avouait pas qu'il avait aussi quelque honte à reconnaître ses torts, à se rappeler sa violence et son entêtement à Fulda, et qu'il ne lui était pas plaisant, après coup, de louer Holweg et Voldemar de leur perspicacité. Si bien que lorsque Friedrich apparut, un midi, à la porte du jardin, Henckel se sentit à la fois confus et soulagé.

« Je te dérange sans doute, dit Friedrich. Rassure-toi. Juste le temps de taper un peu dans tes réserves, de faire le plein, et je me retire. Car tu ne crois pas, j'espère, que je m'ennuyais de toi et que nous nous inquiétions de ta santé ?

— Mais si, dit Henckel. J'en oublie même de te serrer la main. D'autant plus heureux de ta visite, Friedrich, que le travail ne manque pas. Il y a un bon carré à bêcher, derrière la maison. Est-ce que, pour te mettre en appétit... ? Allez. Fini de plaisanter. J'ai des excuses à te faire. Seulement, tout n'est pas ma faute. Je t'expliquerai... »

Il était ce jour-là d'excellente humeur. Aimant à s'amuser aux dépens de Voldemar, et son attitude faussement provocante l'ayant inspiré, l'idée lui vint alors d'une mise en scène qui ajouterait à sa surprise. Il s'en réjouit d'avance, tandis qu'il le précédait vers la maison, pensant ainsi se payer de sa défaite. Et comme Helga se montrait en haut des marches, il se dépêcha de la rejoindre. La poussant dans le couloir et semblant la taquiner :

« Ne lui parle pas de Stefan. Nous allons bien rire », dit-il avec un clin d'œil.

Volker était dans la forêt depuis l'aube. Il continuait de s'y réfugier, approuvé cette fois par Henckel qui voyait là une détente efficace. Spitz l'accompagnait. Sans doute reviendraient-ils à l'heure du dîner, tous deux fourbus, affamés, et se regardant, se frottant l'un à l'autre avec une cordialité complice.

À table, alors que Voldemar, complimentant Helga sur sa cuisine, regrettait de ne pouvoir plus souvent l'apprécier, Julius l'interrompit.

« Au fait, dit-il, où en est cette histoire de Volker ? Holweg et ses visions... Es-tu allé à Munich ? C'était ton intention, si je me souviens ? »

Ébahi, Voldemar le contemplait, se demandant s'il avait bien entendu, s'il était vrai que Henckel eût évoqué Volker de lui-même, sans raison, et plus encore le pénible entretien de Fulda qu'il s'efforçait d'oublier pour sa part. Mais, imperturbable, se délectant de son désarroi, Henckel continuait, cependant que sa femme, soudain consciente de la manigance, baissait la tête autant pour cacher sa gêne que pour ne pas se trahir :

« Tu as réfléchi, j'imagine ? Et pensé qu'une fois de plus il valait mieux me faire confiance. Comme d'habitude !

— Non, dit Voldemar. Puisque tu y tiens, sache que je me suis fichu carrément de ton avis. Le lendemain matin, j'ai pris le train pour Munich. Avec beaucoup d'espoir, crois-le. Fier de moi et de mon audace.

— Arrivé à Munich, tu as piétiné dans la gare, tourné et retourné, attendu des heures et des heures ?

— Des heures et des heures, Julius. Et parcouru la ville, questionné les gens à droite et à gauche, les employés de la gare, les patrons et les serveuses des cafés, aux environs...

— Pour rien ?

— Pour rien ! Mais je ne m'en veux pas. Il fallait tirer ça au clair, aller jusqu'au bout. J'estime avoir fait mon devoir. N'importe qui à ma place...

— Sauf moi, Friedrich !

— Sauf toi, en effet. Et tu as tort de t'en vanter. D'ailleurs, à quoi bon revenir là-dessus ? Tu nous as rabroués, Paula et moi, parce que nous avions osé te parler de Volker, Dieu sait avec quelles intentions, et voilà qu'aujourd'hui, à peine sommes-nous ensemble... »

Il paraissait si déconcerté, si peiné, que Helga ne put supporter le jeu plus longtemps.

« Ne l'écoutez pas, Friedrich, dit-elle. Vous le connaissez, pourtant. Il vous fait marcher. Tout cela, c'est pour vous apprendre...

— Pour t'apprendre à te méfier des racontars, dit vivement Henckel. Seulement, mon vieux Friedrich, je serais désolé de t'avoir coupé l'appétit. Remets-toi. Pense à Helga qui s'est surpassée en ton honneur.

— Quelle patience il faut avec toi ! dit Voldemar en souriant à demi. Heureusement que Paula m'avait fait la leçon et recommandé de te ménager ! De nous deux, s'il en est un qui ne ménage pas l'autre…

— Et nous sommes quand même les meilleurs amis du monde !

— Avec ma bonne volonté, Julius… »

L'après-midi, entreprenant de montrer le jardin à Voldemar, comme à toutes ses visites, Henckel fit encore allusion au voyage inutile à Munich, au temps perdu sans résultat, et se moqua de la crédulité de Friedrich.

« Il fallait vraiment que tu aies envie de me confondre ! Tu t'imaginais débarquant ici avec Volker… Quelle victoire, Friedrich ! Enfoncé, Henckel ! Battu, archibattu ! Plus le droit à la parole, désormais… Voilà ce que tu te disais pour t'aider à patienter dans la gare !

— Je me dis surtout, en ce moment, que tu as besoin de te soigner, Julius. Tu remâches tes souvenirs. Tu souffres, bien sûr. Et tu finis par déraisonner. Je ne t'en veux pas. Je te plains. »

Et comme Henckel, qui le regardait fixement, éclatait de rire, Voldemar fut certain de ne s'être point trompé.

« Selon toi, on devrait m'enfermer ? »

Voldemar haussa les épaules. Il s'éloigna, fit deux ou trois pas dans l'allée, s'arrêta pour contempler une planche de choux, puis, se retournant :

« Où est ton chien, Julius ? Je voyais que quelque chose manquait que j'avais l'habitude de trouver en arrivant… Je cherchais… C'est Spitz, parbleu ! Pas mort, j'espère ?

— Bien sûr que non ! dit Henckel. Il est parti galoper… »

La question l'embarrassait un peu. Il avait toujours affirmé à Voldemar que Spitz était d'une parfaite obéissance, qu'il ne se fût pas permis de franchir la grille du jardin, quoi qu'il se présentât de l'autre côté, sans l'accord de son maître, et que son apparition dans les rues du bourg eût probablement causé quelque panique.

« Il ne se retient plus de ficher le camp où ça lui chante et sans mon avis. Le printemps peut-être...

— Peut-être », dit Voldemar, confiant.

Henckel prit son chronomètre. Cinq heures ! Il commençait à s'énerver. Si Stefan pouvait avoir la bonne idée de rentrer plus tôt ! Voldemar était à point, loin de se douter du coup de théâtre qu'on lui réservait. À trop l'attendre, à trop le désirer, il risquait de perdre de son sel. Et pour peu que Helga ne sût tenir sa langue... Mais lui-même, impatient, et soudain mal à l'aise devant la candeur de Voldemar, dut se vaincre afin de ne pas tout révéler.

Au moment du dîner, tandis que Helga préparait la table : « Trois couverts, surtout, Helga ! Pas de gaffe ! » il déambula dans la cuisine, croisant et décroisant les bras, tirant sur ses doigts, touchant à tout.

« Tu es bien nerveux, lui dit Helga. C'est la venue de Friedrich qui te met dans un tel état ? Avant de te coucher...

— Je boirai une bonne tisane ? Verveine ou camomille ? Entendu, ma belle ! »

Et allant vers Voldemar qui l'observait curieusement, assis près de la fenêtre :

« Sacré Friedrich ! s'écria-t-il en lui tapant sur l'épaule. Un grand détective, ma foi ! »

Ils s'attablaient, Voldemar dépliait sa serviette, quand Spitz aboya dans le jardin.

« Le voilà ! dit Henckel, gaiement. Ouvre-lui la porte, Helga. »

Elle eut à peine le temps de s'effacer. Le chien surgit, dérapant des quatre pattes.

« Bravo ! dit Voldemar, les mains levées comme pour applaudir. À moi, Spitz ! »

Il se dressa, d'un mouvement si brusque qu'il faillit renverser la table. Stefan était là, arrêté devant la porte, immense, les cheveux sur le visage, un livre sous son bras mutilé, et qui le regardait, interdit.

« Volker ! »

Il avait crié, hurlé ce nom, raidi dans un garde-à-vous inconscient, comme s'il rendait hommage à un héros. Gêné, Henckel ne souriait plus.

« Entre donc, dit-il à Stefan. Est-ce que tu reconnais... ? »

Stefan releva ses cheveux, vint jusqu'à la table.

« Bonsoir, monsieur Voldemar », dit-il.

Lentement, comme s'il se remettait à vivre, à penser peu à peu, Voldemar tendit la main. Et il répétait, d'une voix pénible :

« Volker... Volker...

— Allons, dit Henckel, qui craignait maintenant une repartie fâcheuse de Stefan, reprends ton souffle, Friedrich... »

Voldemar le toisa, puis, avant de se rasseoir :

« Toi, dit-il, je te prie de ne plus m'adresser la parole. »

Stefan les observait. Il vit Julius perdre contenance, rougir encore, remuer les lèvres, baisser le nez sur son assiette, et comprit tout. Helga, d'ailleurs, après avoir apporté la soupière, lui souriait avec un petit mouvement de tête vers Henckel, comme pour l'excuser. Alors, s'asseyant à son tour :

« Une drôle de surprise, monsieur Voldemar ?

— Ça ! Et imagine-toi que depuis midi, depuis mon arrivée, ce salopard me fait marcher comme un gamin. Ne me parlant de rien. Ou me mentant par plaisir. Me laissant patauger, m'enfermer, me rendre ridicule... Ça ne compte pas, au fond.

Je suis bien heureux d'être là ce soir, en face de toi. Mon brave Volker ! Quelle histoire ! »

Il étendit la main pour l'appuyer sur le bras de Stefan, affectueusement, heurta la cuillère.

« Pardon, mon vieux...

— Toujours entraîneur, monsieur Voldemar ? »

Henckel le regarda avec inquiétude.

« Toujours, dit Voldemar. Quelques jeunes... Et aussi Kalbrenner, que tu as bien connu. À trente-deux ans, il est plus fort que jamais. Il a abandonné le 800 pour le 5 000 et ça ne lui réussit pas mal.

— Façon de parler, dit Henckel, malgré lui. Il n'a pu en enlever un la saison dernière. Je suis encore au courant !

— Peut-être. Mais tu le verras cette saison. C'est un peu comme pour Schildern, en qui tu n'as jamais eu confiance. Dimanche, première réunion à Augsbourg, un 1 500 mètres de toute beauté. 3 minutes 50 secondes et des poussières. Voilà, monsieur Henckel ! Et rappelle-toi que j'en ferai un champion d'Allemagne, en attendant mieux... »

Helga ne mangeait pas. Elle écoutait Voldemar parler de courses et de temps avec passion, Henckel lui répliquer, elle contemplait Stefan, attentif, en train de finir sa soupe, et se souvenait de certains jours où tout était semblable, pareillement réglé, où les mêmes êtres s'entretenaient des mêmes choses, en l'ignorant, en reniant souvent aussi leur vieille amitié. Mais elle craignait que Stefan ne s'en souvînt avec elle, et qu'il ne souffrît trop de se retrouver seul, rejeté d'un monde qui ne le concernait plus. L'inconvenance de Voldemar et de Julius la révoltait. Elle ne comprenait pas, surtout, que Julius se fût emballé sottement, oubliant sa réserve patiemment acquise, ce refus pudique d'évoquer devant Stefan le sport et ses rites, des noms, des performances, tout ce qui risquait d'aviver ses regrets.

Certes, Stefan avait encouragé Voldemar. Il paraissait calme, d'une courtoisie surprenante, soucieux de respecter ce visiteur en ne l'affligeant point. Mais n'était-ce là qu'une attitude ?

« Schildern à près de 3 minutes 50 secondes, dit Henckel, c'est un résultat. Un seul chronométreur, évidemment ?

— Ça t'arrangerait ? N'aie pas peur. Le compte y était. Une réunion officielle, Julius, pas un entraînement... Et je crois même qu'on ne l'a pas gâté. J'avais 3 minutes 50 secondes juste à mon chrono...

— Tu as toujours eu le coup de doigt brutal, surtout aux arrivées...

— Je triche ?

— Tu trembles, c'est tout.

— Entends-le, dit Voldemar à Stefan. Entends-le, ce planteur de carottes. Il n'a pas changé, tu vois. Après lui, rien ne compte, rien n'existe. Tout est à refaire. C'est l'exemple, la perfection, le bon Dieu sur terre. Le diable, aussi... »

Volker sourit malaisément. Helga se levait pour aller à son fourneau. Passant derrière Stefan, elle fit un signe à Voldemar.

« C'est vrai, dit-il sans détour, parlons d'autre chose. Je me suis lancé, en ne pensant plus à toi, Volker... Ce n'est pas bien malin.

— Pourquoi, monsieur Voldemar ? Croyez-vous que moins de franchise me plairait ? Que je vous serais reconnaissant de vouloir m'épargner ? Que je ne souffrirais pas de vos hésitations, de toute une comédie charitable ? Quand je suis entré, j'ai vu tout de suite que M. Henckel ne vous avait rien dit. Je ne sais s'il a bien fait de s'amuser de vous, monsieur Voldemar. Mais il a bien fait, en tout cas, de ne pas vous recommander la prudence et de bonnes manières à mon intention. Je ne cours plus, je n'ai plus beaucoup de cœur à m'intéresser aux autres, à ceux qui ont eu plus de chance que moi. Je pense seulement que tout doit continuer comme avant, que les regrets, la colère, la jalousie n'empêcheraient rien. Je n'envie pas le vieux Kalbrenner, qui est un brave type et qui aime toujours autant courir. Je n'envie pas Schildern, en qui vous espérez. Si j'envie quelqu'un, aujourd'hui, c'est Rudolf Harbig. Rudolf Harbig qui est mort, qui a tout perdu d'un coup…

— Je te comprends bien, dit Voldemar.

— Et moi, dit Stefan, je comprends aussi que j'ai trop parlé, que vous aurez maintenant de la peine à vous sentir à l'aise, à chercher un sujet de conversation qui vous semble me convenir. Et puis, il faut que M. Henckel vous raconte comment il m'a rencontré, ce que je suis devenu, comme il est pénible de vivre en ma compagnie. Du temps où je courais, j'ai quand même gardé une saine habitude, monsieur Voldemar. Je me couche de bonne heure. Et ce soir, je n'ai pas grand-faim…

— Stefan ! dit Helga en s'approchant de lui. Reste avec nous…

— Bien sûr, reste avec nous, dit Voldemar. Je suis si content de te revoir. Qu'est-ce que ça peut faire que… »

Stefan était déjà près de la porte. Il se retourna. Henckel le regardait, impassible.

« Est-ce que je n'ai pas raison, monsieur Henckel ? »

Il souriait à peine, mais les cicatrices exagéraient ce sourire.

« Tu as raison, dit Henckel. Dors bien, mon vieux.

— C'est ma faute, s'écria Voldemar quand Stefan fut parti. Je me suis conduit comme un cochon. Je n'aurais pas dû parler de la réunion d'Augsbourg, des temps de Schildern… Je n'aurais pas dû lui rappeler Kalbrenner avec qui il a couru bien des fois. Mais j'étais tellement surpris, tellement navré de le retrouver si mal en point. Je ne savais quoi faire, quoi dire,

Helga ! Je le voyais, en face de moi, méconnaissable, avec son pauvre bras, sa pauvre figure... J'ai eu peur de ne pouvoir le quitter des yeux, de le gêner, et de le plaindre, après, avec des mots ridicules... Alors, quand il m'a demandé si j'étais toujours entraîneur, je me suis cru sauvé, j'ai pensé qu'il fallait profiter de cette chance-là... »

Helga lui offrait un plat avec insistance.

« Servez-vous, Friedrich, dit-elle. Nous n'avons tort ni les uns ni les autres. Nous essayons de faire pour le mieux, mais la tâche est peut-être au-dessus de nos forces. Il nous manque à tous les trois de n'avoir pas souffert comme Stefan. Il nous faut le deviner, le soigner à tâtons, craindre de nous montrer cruels en étant généreux... Julius vous expliquera comme il a été difficile de le retenir près de nous, de regagner chaque jour un peu plus de sa confiance...

— Julius n'a pas bien agi avec moi, Helga, dit Voldemar. Est-ce que c'était une plaisanterie à faire ? Est-ce que je méritais qu'il se paie ma tête aussi méchamment ? Et si j'avais repris le chemin de la gare en claquant la porte ? Oh ! j'en étais capable ! Quand je pense que c'est grâce à moi s'il a retrouvé Volker ! Quand je pense qu'il nous a dit les pires choses, à Fulda, et que, jusqu'au dernier moment, il nous a laissé croire qu'il ne se donnerait pas la peine d'aller à Munich ! Quel diabolisme ! »

Et penché vers Henckel qui les avait écoutés, le menton sur ses mains jointes :

« Je ne t'en veux plus, Julius. À quoi bon, puisque Volker, qui aurait pu le premier se froisser, s'en est réjoui au contraire ! Et tu sais aussi que je n'ai guère de rancune. Mais j'aimerais qu'en échange tu acceptes encore un conseil. Ne t'imagine pas, surtout, que je me prévale de ma victoire.

— Eh bien, quel conseil ?

— Je me trompe peut-être, Julius, mais il faudrait, là encore, tenter l'expérience, même si tu es sûr de l'échec, même si tu me prends une fois de plus pour un imbécile. J'ignore ce que tu as pu faire. J'ignore quels sont tes projets. Je sais, pourtant – Helga ne l'a pas caché –, que tout n'a pas été simple et que vous vous posez bien des questions.

— Et toi, dit Henckel, tu vas y répondre à notre place ? Et tout sera terminé ! Et nous serons tous heureux, béats comme des anges, Helga, le père Henckel, Stefan, surtout, et Friedrich Voldemar, bien entendu, qui aura fait la plus belle action de sa vie ! Dis-moi, veux-tu rester ici une semaine ou deux ? Après nous verrons, Friedrich. Nous verrons si tu as autant d'assurance. Je crie, je te rembarre, c'est ma manière. J'ai l'air de mépriser ton aide, tes bonnes façons. Au fond, je t'en sais gré. Seulement, ne sois pas stupide. Depuis que Stefan est avec nous, j'ai eu le temps de tourner et de retourner le problème. Je me suis entêté, comme pour tout ce que j'entreprends. Et s'il y avait eu un moyen de le refaire un peu, je l'aurais bien trouvé, non ? »

Et comme Voldemar continuait de manger :

« Oui ou non ? »

Voldemar finit de mastiquer posément, but une gorgée de bière, s'essuya les lèvres.

« Te souviens-tu d'Altmeyer, Julius, du grand Altmeyer qui lançait le poids et faisait toujours le clown sur la pelouse ?

— Je me souviens, dit Henckel. Tué en Russie. J'ai appris ça...

— Non, Julius. Pas mort, mais bien amoché quand même. La jambe gauche coupée au ras de la hanche, des doigts en moins, un éclat dans la tête. Foutu, quoi ! On m'avait dit qu'il travaillait comme portier dans un hôtel de Berlin et qu'il ne riait plus du tout, le pauvre vieux. Je l'ai revu, Altmeyer. Il y a trois semaines. À Berlin, en effet. C'était un dimanche matin. Il s'entraînait à lancer le poids, au stade, comme avant la guerre, et je t'assure qu'il y mettait de la bonne volonté. Il prenait son élan, levait son pilon devant lui de toutes ses forces, sautait sur sa jambe valide, et jetait encore à plus de treize mètres. On a bavardé. “Un jour, m'a-t-il dit, j'ai bien cru que j'allais me foutre dans la Sprée. J'en avais marre ! Et puis l'idée m'est venue de recommencer à lancer. Pour me distraire, pour ne penser à rien d'autre pendant ce temps-là. Ç'a été dur, au début. J'en ai ramassé des bûches ! J'ai failli casser ma béquille bien des fois. Mon autre jambe aussi, du même coup. Regardez, maintenant ! Un petit effort, et l'on songera à moi pour les Jeux olympiques.” Et il riait, Julius, il riait comme avant ! D'un aussi bon cœur... »

Henckel n'avait cessé de contempler son assiette, un coude sur la table, la fourchette tremblant un peu dans sa main. Il ne bougeait toujours pas, les yeux fixes, comme s'il cherchait à mieux se rappeler Altmeyer, à l'imaginer, le poids contre son cou, empêtré de sa jambe de bois, en train de rudoyer son grand corps.

« C'est tout, dit Voldemar. C'est tout, Julius. »

Il attendait une approbation, un mot, un regard qui lui permît d'exprimer toute sa pensée, ou qui lui indiquât qu'on l'avait devinée, et qu'elle était de bon sens. Henckel se contenta d'écraser une pomme de terre, avec une application dérisoire, et de se remettre à manger.

« Aidez-nous, Friedrich, dit Helga, brusquement. Aidez Julius. Il m'en voudra de me mêler de ce qui n'est pas mon rôle, comme il le prétend parfois, mais j'ai le droit, aujourd'hui, d'aller contre sa volonté. Stefan n'est plus à lui seul. Et si vous-même, Friedrich, pouvez faire quelque chose pour lui, pour son bien, vous ne devez pas craindre de vexer qui que ce soit. En vous écoutant, je me disais que Stefan avait autant de courage que ce malheureux Altmeyer, et qu'il suffirait peut-être de le pousser un peu...

— Ma pauvre Helga ! dit Henckel. Comme tu es naïve ! Comme vous êtes naïfs tous les deux ! Et croyez-vous donc que je n'étais pas capable d'y penser moi-même ? Qu'il fallait que tu arrives, Voldemar, pour tout m'apprendre avec ton histoire ? Altmeyer est un rude bonhomme. Il a bien fait, cent fois, de s'accrocher, pour son plaisir et pour se persuader qu'il existait encore. Mais Altmeyer, ce n'est pas Stefan. Ils se valent peut-être par le courage. Seulement, si l'un est simple, optimiste, et juge bon de rire malgré ses blessures, l'autre a plus d'orgueil que de raison, plus de rancune que d'indulgence envers la fatalité. Quant à moi, je ne me sens pas le cœur de l'affronter, de lui dire que nous serions bien-aises de le voir s'entraîner, pour son salut et pour le nôtre aussi. Je n'aurais pas le cœur, non plus, de le regarder tourner en rond bêtement, souffrir, rager, secouer son bras mort. Tout cela pour rien ! Avec la pauvre ambition de se changer les idées, comme d'autres jouent aux cartes ou vont à la pêche...

— Il ne s'agit pas de toi, dit Voldemar. Ni de ce que Volker a été, de ce qu'il a fait et de ce qu'il aurait pu faire...

— Bien sûr, je me réjouirais qu'il retrouve, à courir, un peu d'agrément. Je m'habituerais alors à ce qu'il traîne sur une piste, sans style, sans souffle, sans conviction. Et je ne serais jamais tenté, crois-le, de tirer mon chrono de ma poche. Mais je suis tranquille. Rien ne l'intéresse plus que de vivre avec ses souvenirs et de se regarder vivre ainsi. »

Voldemar se leva soudain, marcha dans la cuisine, se baissa pour caresser Spitz allongé au bas de la fenêtre.

« Tu te trompes, Julius ! Volker est prêt à tout, sauf à renoncer. Je le connais aussi bien que tu le connais. Nous étions assez amis, n'est-ce pas ? Il aimait trop courir, l'effort physique lui était trop nécessaire pour qu'il n'en ait rien gardé. Quoiqu'il fasse, ici ou ailleurs, un travail manuel à sa convenance, il ne sera pas sauvé pour autant. Il lui arrivera souvent de penser à une autre occupation qu'il adorait et pour laquelle il se savait doué magnifiquement. Mais s'il recommence à courir, Julius, et quelles que soient son amertume, sa répugnance au début, il s'y emploiera à fond tôt ou tard. Il voudra s'améliorer, progresser, se battre comme auparavant, sans se soucier des limites, de son handicap. Par conscience, simplement, et pour sa seule joie.

— C'est bien vrai, Friedrich, dit Helga. Il faut lui parler, demain...

— Ce n'est pas à moi de le faire, Helga. Mais Julius va réfléchir, n'ayez crainte. Il se demande en ce moment ce qu'il pourra bien me répliquer, et ça ne vient pas, ça ne vient pas...

— Est-ce qu'on réplique à un pasteur ? dit Henckel. Et toi, tu en as tout l'air, planté devant nous, en train d'agiter tes grands bras, faisant de belles phrases... Assieds-toi, finis de manger, et demain, pour plaire à Helga, tu prêcheras tes idées à Stefan.

— Tu m'approuves, alors ?

— Pas le moins du monde. J'ai affaire à plus têtu que moi, voilà tout.

— Allons ! s'écria Voldemar. Comme si tu avais l'habitude de céder ! »

Henckel était prêt à se rendre, cependant. Mais, pour épargner son orgueil, il lui fallait ajouter d'autres raisons aux arguments de Voldemar, prouver qu'il eût bien pu, sans aucun conseil, décider de tout un jour prochain.

« Stefan est rentré de la forêt, un soir..., dit Helga...

— Je pense à cela depuis longtemps, dit Henckel. À sa réponse parce que je m'étonnais de le voir dans un drôle d'état, sali, déchiré, et traînant la jambe. Que j'aurais dû être là pour l'admirer, qu'il avait fait du steeple dans les bois, ramassé des pelles, je ne sais quelles histoires ! Il a même parlé de Vronsky, tiens ! Tout ça sur un ton ! Je n'ai pas insisté. Mais j'ai passé une triste nuit à me demander justement si la bonne solution n'était pas de l'encourager à cavaler comme un fou, plutôt que le laisser se résigner. Le lendemain, j'avais résolu d'abandonner la partie, de ne rien faire, même pour le retenir s'il jugeait préférable de s'en aller, comme nous le pressentions, Helga et moi… Et puis, trop content de l'en avoir dissuadé, je lui ai parlé de tout autre chose. Ce qui ne veut pas dire que j'avais oublié. J'attendais qu'il fût devenu plus calme, mieux fait à sa nouvelle existence, plus las, peut-être, donc moins tenté de se défendre…

— Et maintenant, Julius ?

— Avant-hier, j'ai rencontré un vieux de Mielberg, dit Henckel, comme s'il n'avait pas entendu. Karl Brecht, qui passe son temps dans les bois, lui aussi, à glaner pour son feu et pour ses bêtes. Un jour, il est tombé sur Stefan qui s'exerçait à viser de son bras gauche avec des pommes de pin. Une heure, paraît-il, Brecht l'a épié, planqué de son mieux. À dix pas d'un arbre, Stefan lançait ses pommes de pin par séries de cinq, comme nous faisions à l'école, avec des cailloux, sur les poteaux télégraphiques. Il n'a pas cédé avant de parvenir à ce qu'il voulait : mettre ses cinq coups à la file dans la cible. Et il pestait, il s'engueulait tout seul, racontait Brecht, toutes les fois qu'il manquait l'arbre, comme si l'enjeu fût d'importance.

— Il l'était ! dit Voldemar.

— C'est aussi mon avis, imagine-toi. J'ai serré la main du vieux Brecht peut-être un peu fort, mais ça valait bien ça…

J'avais la preuve que Stefan pouvait encore s'entêter à bon escient. À condition que personne ne s'en mêle, qu'on ne se repaisse pas de ses faits et gestes comme d'une attraction de cirque. Qu'on n'ait pas l'air, surtout, de le considérer comme un infirme en lui prodiguant les conseils, les attentions, les encouragements. C'est toute la question, Voldemar... Maintenant, tu dois avoir sommeil, non ? »

Henckel repoussait déjà sa chaise, mais Voldemar le retint par le bras.

« Une minute, Julius. Nous avons beaucoup parlé, c'est vrai. Seulement, tu ne m'as pas encore raconté comment tu l'avais retrouvé, Volker... Comment tu t'étais débrouillé, à Munich... Si tu ne t'énervais pas trop à faire les cent pas dans la gare... Dis-moi, Julius... »

VIII

Henckel atteignit le haut de la colline, s'adossa contre un sapin pour reprendre son souffle. Suivant les laies ou coupant à travers bois, il avait longtemps marché au hasard, à la recherche de Stefan. Fatigué, et déçu de ne l'avoir pas découvert, il était prêt à rebrousser chemin. D'ailleurs, à force d'y réfléchir, son idée lui semblait fâcheuse. Revenant d'accompagner Friedrich à la gare, il s'était inconsciemment dirigé vers la forêt. Puis, songeant à Volker, il avait décidé soudain d'aller à sa rencontre.

« Nous bavarderons un peu. Il doit faire bien bon dans les sapins, avec ce soleil. »

Il demandait maintenant quelle raison, quelle excuse il donnerait à Stefan s'ils se trouvaient tout à coup face à face. Une fois de plus, la crainte de lui déplaire le déroutait stupidement.

Il finit d'essuyer la sueur qui le brûlait, les mains écrasées sur le visage, avec tant de violence qu'il dut s'apaiser, la nuque contre l'arbre, les yeux fermés, sans plus penser à rien.

« Bougre d'âne ! »

Il redescendait vers le village quand Spitz aboya très loin, de l'autre côté de la colline. Henckel revint sur ses pas, aborda prudemment la pente, puis la dévala, glissant, trébuchant, s'agrippant en vain aux taillis. Il déboucha dans la plaine, les bras levés, écarlate, et l'on eût dit que traqué de toutes parts il se rendait à un ennemi imaginaire.

À bonne distance, le long de la voie ferrée, au bas du remblai, il aperçut Volker et Spitz qui couraient côte à côte. Il s'agenouilla, s'allongea sur la terre, à plat ventre. Stefan luttait avec le chien, le dépassait, se laissait rejoindre, obliquait brusquement, s'arrêtait pour repartir aussitôt en des sprints désordonnés.

« Eh bien, dit Henckel. Eh bien ! »

Il riait, la bouche grande ouverte. Puis s'affaissant, le visage enfoui dans l'herbe, Henckel ne bougea plus. Il entendait Spitz aboyer de plus belle, Stefan lui crier de temps en temps : « Vite ! Vite ! », et anéanti, tous ces bruits mêlés aux battements de ses tempes, à sa respiration folle, savourant son repos et sa joie, il se fût endormi là jusqu'au soir. Quand il regarda de nouveau, Stefan et Spitz venaient dans sa direction.

« Pourvu qu'il ne me voie pas ! »

Il eut honte, se rappelant le vieux Brecht à l'affût derrière son fourré. Alors, rampant à reculons, il s'efforça de gagner les sapins à quelques mètres. Il les atteignait, il s'apprêtait à s'y dissimuler, lorsque Spitz le dépista. Abandonnant Volker il arrivait au galop, les oreilles hautes.

« Ça, dit Henckel, j'aurais dû m'en douter. »

Pour tromper Stefan il sortit du bois d'un air très naturel, tenta de calmer Spitz qui bondissait autour de lui. Et marchant au-devant de Volker :

« Je te cherchais ! cria-t-il. J'ai conduit Voldemar au train, et en revenant, histoire de me dégourdir les jambes... »

Il improvisait, tâchait d'être à l'aise, mais se demandait s'il n'allait pas tendre la main avec chaleur, exprimer franchement toute sa surprise, tout son plaisir. Ce serait si simple. Stefan baisserait la tête, un peu confus, sourirait peut-être, heureux lui aussi.

« Je vous ai vus tous les deux, toi et Spitz, cavaler comme des gosses. Tu paraissais en pleine forme. Si, mon garçon...

En pleine forme ! Voilà ce que tu devrais faire tous les jours ! Courir, courir ! Retrouver la cadence, retrouver ton souffle, ta vitesse ! Aie confiance, Stefan. Tu n'as pas tout perdu. Je suis sûr qu'avec un peu de volonté, dans quelque temps... Si nous essayions, ensemble ? »

Était-ce bien le moment ? Et parce que Stefan semblait moins renfrogné, plus sociable depuis sa tentative de départ, fallait-il risquer de tout gâcher, de l'aigrir, d'alerter de nouveau sa méfiance ? Henckel se contenta de dire, en montrant la campagne d'un geste du bras :

« C'est bien beau, par ici ! Regarde-moi ça, Stefan ! À cette heure-là, quand le soleil se couche, on ne se croirait plus sur terre...

— Oui, répondit Stefan. J'y viens souvent. On y est tranquille. Jamais personne. Un train qui passe de temps en temps, c'est tout. Spitz et moi, nous nous y plaisons bien. Il s'en paie !

— Et toi tu respires, tu te retapes, tu te reprends comme il faut ! Tu as une mine !

— À ne rien faire, monsieur Henckel, en mangeant, en buvant, en dormant bien, on ne maigrit pas facilement... »

Puis, comme s'il se reprochait cette réponse, un ton tout à coup plus amer :

« Vous êtes venu par la forêt ? Ça grimpe... Il faut s'accrocher.

— J'étais mort, dit Henckel en riant. Dans la descente, j'ai failli rouler comme un sac... Tiens ! J'en ai les mains usées de m'être retenu à tout ce que je rencontrais. Mais nous allons changer de route. À mon âge, il ne faut pas tenter le diable. De l'autre côté de la voie, après le tunnel, nous aurons un chemin qui nous mènera sans mal à Klosburth. C'est le bourg voisin du nôtre. À quatre ou cinq kilomètres... D'accord ?

— D'accord !

— En avant ! » dit Henckel, ravi.

Et tirant de sa poche une boîte de pastilles :

« En veux-tu une, Stefan ? Pour te rafraîchir... »

Henckel remarqua que sa main ne tremblait pas, que son souffle était régulier, à peine perceptible. Sous les cheveux, en haut du front et sur les tempes, seulement une transpiration légère... Cependant il avait longtemps couru, sans se ménager, d'une façon peu rationnelle, en se permettant même de crier pour exciter Spitz.

« Décidément, tu es en pleine forme.

— Pourquoi, monsieur Henckel ?

— Eh bien... »

Et le prenant par l'épaule, avec un peu de brusquerie :

« Marchons, Stefan. Je t'expliquerai. »

Il devait pourtant s'interroger, beaucoup hésiter encore, bien peser ses mots. Et ce défaut de courage, cette timidité qui n'étaient pas dans sa manière l'agaçaient fort. Il regrettait aussi d'avoir espionné Stefan. Il se revoyait allongé dans l'herbe, puis peureux, grotesque, battre en retraite comme un mauvais voleur. Un bel accès de franchise ne l'aiderait-il pas à se racheter ?

Ils avaient escaladé le remblai, traversé les voies, pris la route de Klosburth, silencieux l'un et l'autre, contemplant le paysage chacun de son côté. Stefan se baissait parfois pour ramasser un caillou et le lancer à Spitz qui ne cessait d'aller et venir, soûl de joie, infatigable.

« J'aurais dû saluer M. Voldemar, ce matin...

— Ne t'inquiète pas, dit Henckel, surpris. Voldemar n'est pas susceptible. À la gare, il m'a chargé de bien des choses pour toi. Et puis nous le reverrons. Soit ici, soit à Fulda... Un brave homme, Friedrich...

— Je pense qu'il avait raison.

— Comment ça ?

— Schildern peut être champion d'Allemagne. 3 minutes 50 secondes au 1 500 mètres, c'est fameux.

— Bien sûr que c'est fameux ! s'écria Henckel. Je le mettais en boîte, mais au fond...

— J'étais loin de le valoir. 3 minutes 52 secondes, avec peine. Vous vous rappelez, monsieur Henckel ?

— À Karlsruhe, en juin 43. Je m'en souviens. Je t'avais dit de rester en deuxième position jusqu'à la cloche, de passer en tête à ce moment-là, et d'attaquer aux deux cents derniers mètres. De te méfier, aussi, de Wassermann, qui avait de fichus retours. Tu es parti un peu tôt, je crois bien. C'était la troisième fois que tu t'essayais sur la distance. Si nous avions eu le temps, tu aurais fait mieux que Schildern, beaucoup mieux. 3 minutes 49 secondes l'année suivante. Je l'avais parié...

— C'est loin, dit Stefan. Et nous avons trop de mémoire, monsieur Henckel. »

Henckel se tut. Il se félicitait déjà de cette conversation, il s'était lancé hardiment, heureux que Stefan fût venu de lui-même à sa rencontre, et il suffisait d'un mot, d'une phrase équivoque, pleine d'amertume, pour qu'il perdît son assurance.

« C'est Klosburth ? » demanda Stefan.

Des toits apparaissaient au bas d'une longue côte, tassés, plaqués au sol, comme des serres sur un jardin.

« C'est Klosburth. Les Américains s'y sont installés. Un groupe de chars, si je ne me trompe. Avant la guerre, on y faisait une bien bonne eau-de-vie. Maintenant, on préfère manger les prunes, ou des confitures. Ce n'est pas plus mal. »

À l'entrée de Klosburth, ils longèrent le stade ceinturé d'une rangée d'arbres. Des garçons jouaient au football à une extrémité de la pelouse, rassemblés contre un seul but. Sur la piste en mâchefer, fraîchement roulée, un homme traçait les lignes blanches des couloirs.

« Il y a une réunion dimanche, dit Henckel. J'ai lu ça... La piste est excellente, paraît-il. Si un jour tu avais envie... »

Volker regardait les joueurs. Après une passe adroite, un d'eux se rabattait à toute allure vers le but. Volker s'arrêta, attendit qu'il eût shooté, prenant le gardien à contre-pied. Puis, repartant :

« Si un jour, monsieur Henckel... ?

— Rien, Stefan. C'est sans importance... »

Les cheveux serrés dans une taie d'oreiller qui retombait sur ses épaules comme une cornette, Helga faisait le grand nettoyage de la maison. Elle finit par la chambre de Stefan, ouvrit les deux battants de la fenêtre, s'y appuya, contempla les arbres moussus de fleurs, flambant de soleil.

« Quelle chance nous avons ! dit-elle. S'il pouvait en profiter lui aussi ! »

Elle soupira, vint près du lit, ôta les couvertures. En retournant le matelas, elle fit glisser des revues sportives, une collection de *La Ligue athlétique* que Stefan avait dû trouver au grenier, un jour qu'elle lui conseillait d'y aller chercher quelques livres. Elle se baissa, Les numéros s'étalaient autour d'elle, avec l'énorme photographie de la première page, arrivées de courses, sauteurs, lanceurs de poids, lanceurs de disque ou de marteau en plein effort. Là, elle reconnut tout de suite Stefan, derrière Rudolf Harbig qui coupait le fil, les bras levés. Mais Volker avait crayonné une grande croix sur lui-même et barré son nom dans la légende. Une autre photo : Stefan en tête du peloton dans un virage, au cours d'un 800 mètres à Bochum. Une autre encore, alors qu'il franchissait la ligne loin des suivants, le visage caché par ses cheveux, tandis que Julius l'applaudissait, mêlé aux chronométreurs. Et sur toutes les gros traits de crayon, les croix en travers de son corps, de sa figure...

« Le pauvre enfant ! »

Elle s'agenouilla, feuilleta les revues une à une, s'arrêtant dès qu'elle apercevait un article, une photographie, le nom de Volker rayés rageusement. Et toutes les fois elle s'exclamait apitoyée : « Mon Dieu ! Mon Dieu ! », la main sur ses lèvres. Elle imaginait Stefan seul dans cette chambre, se martyrisant de plus belle avec ces souvenirs, se rappelant des joies précises qu'il avait peut-être oubliées malgré lui.

« C'est ma faute, bien sûr. C'est ma faute. Pourquoi lui ai-je dit d'aller au grenier ! »

La porte du jardin grinça. Sous les pattes de Spitz qui s'élançait vers la maison, le gravier roula avec un bruit d'eau. Helga se releva, s'approcha de la fenêtre. Entre les arbres, elle découvrit Stefan et Julius côte à côte.

« Les voilà ! dit-elle, à peine étonnée de les voir ensemble. Qu'ils ne montent pas surtout ! »

Elle se dépêcha de ramasser les revues, de les mettre à leur place sous le matelas. Elle n'en parlerait ni à l'un ni à l'autre. Ils avaient déjà tant de tourments, tous les deux... Pour elle, c'était autre chose. Elle se reprocherait longtemps sa bêtise. Ce serait sa punition. Mais n'était-elle pas la plus épargnée, la moins à plaindre, malgré tout ?

Henckel ne raconta rien de sa rencontre avec Stefan. Il se montra plus silencieux que de coutume durant le repas, et lorsque Helga lui dit, avec prudence :

« Es-tu malade, Julius ? Je te regarde depuis un moment... Tu manges les yeux fermés...

– Je pense, répondit-il. Je pense qu'il faudra commencer de cueillir les cerises demain matin. Celles près de la haie sont mûres. Je les ai goûtées, tout à l'heure. Il est temps... »

Helga ne fut pas dupe. Quelque chose le tracassait, qu'il lui confierait peut-être plus tard, quand ils seraient couchés, par exemple. Mais au lit, et bien qu'elle l'eût interrogé parce qu'il se retournait sans cesse, en tassant toutes les fois l'oreiller selon sa marotte, il se contenta de lui répliquer :

« Ça va très bien. Dors donc toi-même...

— Toujours à cause des cerises, Julius ?

— Tout juste ! »

Il ne s'assoupit qu'au matin, grommelant encore, et pourtant satisfait. Toute la nuit, il avait ressassé ses idées, revécu sa promenade en compagnie de Stefan, s'entretenant avec lui de nouveau, l'étudiant, s'accrochant aux impressions favorables et rejetant celles qui risquaient de contrarier son dessein. Il s'était aussi rappelé la conversation de Voldemar, louant alors ses arguments, l'approuvant avec cette véhémence qu'il apportait à le désavouer. Et se blâmant enfin de n'avoir su profiter des bonnes dispositions de Stefan, des circonstances surtout, dans la vallée ou tandis qu'ils contemplaient la piste de Klosburth, il s'était promis d'agir le jour même, certain de la réussite.

Au pied de l'arbre, Stefan et Helga cueillaient les cerises des basses branches. Julius descendit de l'échelle, posa son panier, puis s'essuya le cou vigoureusement, tâchant d'attraper des débris de feuille et d'écorce sous sa chemise.

« Avec un chapeau, je serais plus à mon aise.

— Il est sous l'escalier, dit Helga. Veux-tu que j'y aille ?

— Je le trouverai bien. »

Il monta droit au grenier, cependant, déplaça des billots, des claies à graines, tâta d'une main distraite des bottes de légumes suspendues aux poutres, atteignit une malle énorme, d'un vert défraîchi, bardée de lattes. Il l'ouvrit, en tira tout un fatras d'habits dépareillés que Helga avait entassés sans grand espoir de les réutiliser jamais.

« Voilà ! Voilà ! » dit Henckel, comme s'il chantonnait.

Il prit le survêtement de Stefan, le déplia avec un soin exagéré, le sentit même, plaqua tour à tour contre lui la culotte et le blouson, rit de ce réflexe qui ne rimait à rien.

« Pas trop abîmé. Un bon coup d'air... La suite, à présent... »

Deux maillots rouges, passablement déteints, marqués du grand K blanc de Kassel...

« On verra plus tard. Peut-être qu'avec son bras, des manches longues... »

Les chaussures étaient enveloppées d'un vieux journal. Avant de les déballer, Henckel lut un morceau de titre au hasard. Les troupes allemandes achevaient d'écraser l'ennemi, dans la région de Smolensk...

« Excellent ! dit-il. Tant mieux, tant mieux. »

Il appuya la paume sur les pointes rouillées, tordit les semelles, glissa ses doigts à l'intérieur, fit la moue. Elles ne valaient plus grand-chose. Volker s'en était longtemps servi à l'entraînement, les préférant à des neuves, trop dures, trop serrées au début, qu'il lui fallait former à son pied peu à peu.

« La semaine prochaine, si tout va bien, nous irons en acheter à Fulda. Voldemar a des bons et ses entrées partout. Sans lui, d'ailleurs... Je suis encore connu, bon Dieu ! »

Il ramassa les habits d'une brassée, referma la malle.

« Un jour, dit-il, je donnerai ça aux pauvres, sans l'avis de Helga. Ou bien j'en farcirai les arbres pour effaroucher les bêtes. »

Il oubliait qu'elle avait d'elle-même conservé l'équipement de Stefan, par une pieuse attention, et sans non plus lui demander conseil.

En quittant le grenier, il regarda dans le jardin par une lucarne. Stefan continuait de cueillir des cerises, une branche coincée sous l'aisselle de son bras mutilé. Il travaillait vite, avec adresse, et, souvent tenté, coupait une grappe d'un coup de dents.

« Profite ! Profite ! dit Henckel, radieux. Nulle part tu ne seras mieux qu'ici ! »

Il rangea les chaussures et le survêtement dans la cuisine, entre le mur et le buffet, but un verre de bière, regagna le jardin.

« Et ton chapeau ? dit Helga.

— Mon chapeau ? Parlons-en ! J'avais tout l'air d'une paillasse ou d'un brigand… »

Elle le contempla, avec sa barbe de deux jours, sa chemise mâchurée, son pantalon de jardinage aux pièces disparates.

« Et comme ça, dit-elle, tu as meilleure mine, bien sûr ? Mon pauvre Julius ! »

Puis elle les abandonna pour aller préparer le déjeuner.

« Tu vois, dit Henckel à Stefan, Helga se plaît bien à la campagne. Elle est heureuse comme une sainte d'avoir des arbres autour d'elle, des petits oiseaux sur ses fenêtres quand elle se lève, et moins de mal qu'ailleurs pour joindre les deux bouts en ce moment. Mais elle regrettera toujours Cassel ! Parce que là-bas, comme elle dit, je m'occupais de ma personne, j'avais cravate, col blanc, souliers fins et le reste. Et qu'elle était fière, sans trop le montrer, que je l'emmène à une réunion ou à un banquet. »

Il avait escaladé quelques barreaux de l'échelle. Il fit une pause, et ajouta, penché vers Stefan :

« Te souviens-tu, lorsqu'elle est venue te voir courir à Stuttgart ? Comme elle était énervée, ce jour-là… Pendant le repas avec les officiels, elle se privait de manger pour veiller sur nous deux comme sur des gamins. Moi, ma serviette ou les boutons de mon gilet... Toi, tes cheveux sur ton front... Tu t'en souviens ?

— Je me souviens de tout », répondit Stefan sans le regarder.

Entrant dans la cuisine, Henckel comprit à l'expression de Helga que sa ruse ne tenait plus. Elle l'examinait curieusement, par-dessus ses lunettes.

« Où est Stefan ?

— Avec Spitz, dans le jardin...

— Explique-moi vite, Julius. Est-il d'accord ? Vous en avez parlé, je suppose ?

— Laisse-moi faire, dit Henckel en allant vers l'évier. Tout va bien, Helga. Hier, je l'ai rencontré derrière les collines. Nous sommes revenus ensemble par Klosburth, en bavardant... Il m'a même rappelé son temps de Karlsruhe, sur 1 500 mètres quand il s'est fait battre bêtement par Wassermann. Devant le stade, il s'est arrêté, comme s'il admirait la piste. On traçait justement les couloirs pour dimanche...

— Mais a-t-il dit qu'il voulait recourir, Julius ?

— Il ne demande que cela ! »

Stefan poussa la porte, s'assit pesamment.

« Fatigué ? dit Helga.

— C'est le chien, madame Henckel. Plus on lui en donne, plus il en réclame...

— Tu ne le crains pas ! dit Julius. Pour être franc, je vous ai vus tous les deux dans la vallée....

— Je le sais. Et vous vous êtes bien amusé ?

— Oh ! non ! Et puisque nous y sommes, plus de cachotteries. J'ai décidé... Enfin j'ai pensé que tu devrais recommencer à t'entraîner. Voldemar le pense aussi... Tu te sentiras tout de suite plus heureux, plus content de toi. »

Stefan le regardait, la tête un peu tournée vers lui, son bras droit chevauchant le dossier de la chaise.

« Vous vous moquez de moi, dit-il doucement.

— Quelle idée ! Et je ne me moquais pas davantage quand je t'ai dit que tu étais en pleine forme. Si tu m'écoutes...

— Je ne vous écouterai pas !

— Pourquoi ? dit Helga. C'est pour ton bien, Stefan. Moi aussi, j'aimerais tant que tu recoures...

— Vous aussi ! »

Il souriait, mais d'une telle manière qu'elle eut honte de son intervention, et qu'elle en voulut à Julius de l'avoir trompée. Sans doute croyait-il bien faire ? Elle eût préféré pourtant n'être pas mêlée à cette pénible discussion, comme à bien d'autres déjà. Julius manquait-il de courage, désormais, au point de trouver un réconfort dans sa présence, le moyen de se stimuler, de piquer son orgueil ?

« Allons, dit-elle, mettons-nous à table. Assieds-toi, Julius. »

Adossé contre l'évier, Henckel continuait machinalement de s'essuyer les mains. Il sembla d'abord prêt à obéir. Il posa le torchon sur le grès, fit un pas. Puis, obliquant soudain vers le coin de la cuisine, prit le survêtement et les chaussures. Et s'approchant de Volker :

« Tiens ! dit-il gaiement. Ça aidera peut-être à te convaincre, non ! »

Stefan contempla le paquet sur ses genoux, sans étonnement. Une chaussure glissait. Il avança le bras, la maintint, et ses doigts tapotèrent les pointes.

« Alors ? dit Henckel, souriant toujours.

— Alors ? » répéta Stefan en le toisant.

Et d'un geste imprévisible, empoignant les chaussures et le survêtement, il lança le tout devant lui, à la volée. Un verre roula sur la table. Henckel le regarda, sans rien faire pour l'empêcher de tomber. Mais comme si le choc l'eût déchaîné, il se jeta vers Stefan et le gifla.

« Julius ! » cria Helga.

Elle crut que Stefan allait se jeter sur lui à son tour. Il s'était dressé, renversant sa chaise, le visage d'une pâleur effrayante.

« Monsieur Henckel... »

Il pouvait à peine parler tant ses lèvres tremblaient. Et Julius restait devant lui, inerte, la tête basse, les bras le long du corps. On eût dit qu'il s'offrait maintenant à tous les coups, à toutes les insultes, qu'il les attendait comme une juste épreuve. Puis, brusquement, Stefan le contourna, courut vers le couloir, grimpa l'escalier en trébuchant dans les premières marches. Les vitres résonnèrent quand il claqua la porte de sa chambre. Alors, Henckel s'assit près de la table et s'y appuya, le front dans ses mains.

Longtemps Helga n'osa remuer, debout au milieu de la cuisine. Elle ôta plusieurs fois ses lunettes, pour les frotter du pan de son tablier. Et venant enfin à son fourneau, elle recommença de s'occuper du repas, soulevant et reposant chaque chose avec de grandes précautions. Souvent elle lorgnait Julius, toujours prostré. Quand tout fut prêt, elle lui servit à manger en silence, poussa l'assiette jusqu'à le toucher. Elle mit un couvert sur un plateau, coupa du pain, emplit une carafe.

« Il faut manger, Julius, dit-elle. Et Stefan aussi doit manger. »

Il décolla les mains de son visage, la vit devant lui, humble et forte, serrant contre elle le plateau de bois qu'on tirait bien rarement du buffet.

« Fais ce que tu veux, dit-il, et laisse-moi tranquille. J'en ai assez ! Assez de lui et de toute cette histoire. Assez de moi ! Je me conduis comme une bête. Je suis là à ne plus savoir quoi dire, quoi penser. Je ne dors plus. Je ne travaille plus. Le jardin est à l'abandon. Je vais, je viens... Je me ronge... Et pour quoi, bon Dieu, pour quoi ? Va, Helga… Soigne-le pendant qu'il en est temps. Mais ne me parle plus de rien…

— J'essaierai », dit-elle.

Il la regarda partir, et comme elle atteignait la porte il se leva tout à coup, lui enleva le plateau des mains.

« C'est à moi de le faire… »

Il était déjà dans l'escalier, les épaules raides, les bras écartés, embarrassé de son plateau.

« Sois bon, Julius, sois bon », dit-elle en étouffant sa voix.

Inquiète, elle l'attendit un moment, les yeux vers la chambre, puis elle finit par se résigner, rentra dans la cuisine, ouvrit la fenêtre.

« Viens, Spitz ! Viens manger, toi au moins… »

Quand Julius reparut, elle fut surprise de lui voir un visage presque souriant. Mais elle se retint de l'interroger. Il posa le plateau, se planta devant elle qui l'observait, d'un air un peu comique.

« C'est un brave garçon, dit-il. Il n'a pas de rancune.

— Sûrement ! »

Il cherchait autour de lui avec insistance.

« Où as-tu rangé son survêtement et ses chaussures ?

— Où tu les avais mis, Julius.

— Parce qu'il est d'accord, cette fois. Vraiment d'accord !

— Ah ! » fit Helga.

Il ne dit plus rien et elle n'eut pas la force de le questionner. Plus tard, Stefan lui raconta qu'il avait été pour lui d'une grande prévenance, lui parlant et l'assistant comme elle l'eût fait elle-même, lui rompant son pain, lui tendant son verre, si contrit, si bouleversé, qu'il riait parfois sans raison, ses grosses mains longtemps serrées sur son visage.

IX

« Elles vont te faire mal, dit Julius. Je les ai graissées, assouplies, doublées de mon mieux, hier soir. Mais ça ne suffit pas. »

Assis sur la pelouse, au bord de la piste, Stefan laçait ses chaussures à pointes.

« C'est assez bon pour ce que je vaux maintenant...

— Ne t'occupe pas de ça, dit Henckel. Aie confiance en toi, en moi aussi, et dans quelques semaines tu me regarderas d'un autre œil... »

Stefan se redressa en grimaçant. Sitôt debout, repris par l'habitude, il sautilla sur place, fléchit les jambes deux ou trois fois. Il s'était aidé de ses dents pour attacher les lacets ; l'un pendait déjà sur sa chaussure.

« Attends », dit Henckel en se baissant.

Le soleil brillait à peine derrière les arbres. Alentour, et jusque dans Klosburth, tout était calme et désert. Stefan avait exigé qu'ils vinssent au stade de bonne heure, et Henckel, respectant ses scrupules, sa pudeur, impatient même, s'était levé dès l'aube pour le réveiller. Mais il pensait que Volker changerait à la longue, qu'un peu de réussite et plus d'enthousiasme lui rendraient tout son aplomb.

De nouveau, Stefan exerçait ses muscles, piétinait, les bras lâches. Henckel le regardait avec plaisir, retrouvant une silhouette familière, ce corps souple, anguleux, grandi par les pointes, par l'uniformité du survêtement, la teinte sombre, un bleu noir qui donnait plus de blondeur aux cheveux. Il se rappelait d'un coup les années mortes, mais si bien employées, les joies, les récompenses, les déceptions aussi, les jours vécus aux côtés d'hommes choisis pour un goût commun de la lutte, dont il avait partagé les peines, les espoirs, l'exaltation, des hommes qui lui devaient en partie leur talent et leur gloire. Comme Volker, il s'était cru fini, las d'un métier auquel il avait trop sacrifié, juste bon, maintenant, à veiller sur ses légumes, à se réjouir petitement, pour une pousse sortie de terre, une feuille plus verte, un fruit à maturité, des progrès à sa mesure, et voilà qu'il se laissait regagner, qu'il renouait avec les souvenirs, les usages, les manies, arpentant la piste, l'éprouvant du talon, soudain rajeuni, prêt à tout recommencer.

La manche droite du survêtement battait contre la jambe de Stefan à chacun de ses gestes. D'ordinaire, il roulait son pull-over intérieurement sur son moignon. Il semblait qu'il ne pensât plus à son bras, et Henckel n'osait lui en parler. Mais, comme si Stefan l'eût deviné :

« Avez-vous une épingle, monsieur Henckel ?

— Bien sûr...

— Accrochez-moi ça, s'il vous plaît. »

Et quand Henckel eut terminé :

« Qu'est-ce que je fais, à présent ? »

Il ne paraissait guère résolu. Devant sa mine, Henckel dit en riant :

« Cours, parbleu ! Cours ! Seulement, il s'agit d'être raisonnable. Un ou deux tours, pour essayer tes jambes, pour tâter la piste. À un train de dix mille, quoi... Largement !

— Ça ne sera pas beau...

— Non, si tu gardes cette tête-là. Allez, Stefan. En route ! »

Volker fit quelques pas sur la pelouse, nonchalant, les yeux à terre, soulevant à peine les pieds. Il se retourna vers Henckel, avec une expression d'enfant malmené qui demande grâce.

« Fonce ! »

Alors il partit en longues foulées, lentement, regardant obstinément le sol, le bras droit collé au corps, variant son rythme coup sur coup, pour s'arrêter net cent mètres plus loin, au milieu du virage, et aller s'adosser à la barrière.

« Pas la peine d'insister, cria-t-il à Henckel qui arrivait. Je cours comme un canard, et il vaut mieux que vous me laissiez tranquille. J'ai honte…

— Continue, dit Henckel. Dans la vallée, tu ne te souciais pas de ton allure, et tu y mettais plus de conviction.

— Là-bas, ce n'était pas la même chose. Je cavalais n'importe où, n'importe comment. Je me fichais bien de ma foulée et de mon bras. Je me tortillais, j'étais moche, j'étais ridicule, mais je ne me voyais pas. Tandis qu'ici… Et puis devant vous…

— Tu veux que je m'en aille ? »

Volker haussa les épaules, releva ses cheveux, et ne répondit pas.

« Hop ! fit Henckel en le tirant vers lui. Cours sans penser à rien, et surtout pas à toi. Ne t'inquiète pas de ce que tu as l'air. Il n'y a personne pour te critiquer. Sauf moi. Mais moi, Stefan, je ne compte plus. En poussant un peu, tu te sentiras petit à petit à ton aise, tu retrouveras la cadence sans t'en apercevoir. Remets ça…

— Vous y tenez ?

— J'y tiens ! »

Il s'élança sèchement, ralentit, allongea sa foulée, toujours en déséquilibre, gêné par son bras droit dont il freinait le ballant. Il fit ainsi le tour de la piste, et Henckel lui cria, au passage :

« C'est mieux… Ne te presse pas. Respire bien… »

Puis le vit accélérer soudain, se contracter, et le torse raide, hochant la tête, les coudes serrés au corps, sprinter dans la ligne opposée, sans qu'on pût dire s'il s'était fixé un but. Les mains derrière le dos, clignant les yeux, Henckel l'observait.

« Qu'est-ce qu'il lui prend ? »

Il regretta de n'avoir pas déclenché son chronomètre pour le juger sur une distance quelconque. Au début de la ligne droite, par exemple... Mais c'était un effort stupide, sans signification. Stefan allait craquer, s'abattre à bout de souffle, les muscles trop tendus, le cœur démoli. Il souffrait déjà, levant les jambes avec peine, les bras abandonnés heurtant parfois ses hanches et le désaxant.

« Arrête-toi ! cria Henckel. Arrête-toi ! »

Et pour lui-même :

« L'imbécile ! Il le fait exprès, bien sûr... »

Il s'apprêtait à traverser la pelouse. Volker zigzaguait, avançait encore, mais si lentement qu'il semblait piétiner, arracher ses jambes d'un terrain boueux. Il trébucha, faillit tomber, le buste à l'horizontale, se redressa. Puis, obliquant tout à coup, et butant dans la lice, il s'effondra sur l'herbe, à plat ventre.

Agenouillé, s'efforçant de le remuer afin de voir son visage, Henckel répétait :

« C'était pour m'ennuyer, hein ? C'était pour m'ennuyer ? »

Il le secouait, agrippé à son survêtement, criait près de son oreille :

« Réponds, si tu le peux ! »

Mais comme Volker ne bronchait pas, comme sa respiration paraissait anormale, par trop faible après une telle course, Henckel le crut évanoui. L'empoignant aux cheveux, il regarda sa figure blême, la salive qui coulait des lèvres entrouvertes. Stefan gémit, et tentant d'échapper à Henckel, se détourna pour vomir.

« Tu es content ? dit Julius. Mais si tu penses que je vais te plaindre ! La prochaine fois... »

Il dut s'appuyer au sol des deux mains. Volker s'était dressé brutalement, et debout, mal assuré, il s'essuyait le visage avec sa manche.

« Pas de prochaine fois...

— Tu es un âne, dit Henckel, assis sur la pelouse. En attendant, marche un peu, promène-toi, expire à fond. »

Puis se relevant :

« Ne bouge pas. Je vais te dire qui a raison de nous deux. »

Il lui prit le poignet, chercha le pouls, déclencha son chronomètre.

« Ça va parfaitement bien. 22 en quinze secondes, 88 à la minute. Admettons qu'il y ait cinq bonnes minutes de passées, c'est un retour au calme qui peut te donner confiance. Ça n'est pas la grande, grande forme. Mais au bout de trois ans d'interruption, il y a de quoi se réjouir.

— Vous voulez me consoler ?

— C'est dans ma manière, hein ? En tout cas, ne recommence jamais ton petit exploit. Si tu souhaitais m'étonner ou me faire peur, c'est réussi. Et puisque que tu as tant d'énergie, tu l'emploieras autrement, d'une meilleure façon. Comme je te le dirai. Voilà, monsieur Volker ! »

Bien que surpris par le ton, une autorité qui lui rappelait l'époque de leur entente, de leur travail commun, Stefan allait répliquer, s'insurger sans doute, mais Henckel l'en empêcha.

« Tes muscles ? Pas trop raides ?

— Pas trop.

— Je te masserai en rentrant. Allez ! Ôte tes pointes, balade-toi dans l'herbe, pieds nus, comme je te le conseillais dans le temps. Détends-toi. Respire... L'air est de première qualité, ici. Et nous reviendrons à la maison. C'est quand même une bonne journée... »

Plus tard, sur le chemin de Mielberg, il lui dit brusquement :

« Demain nous irons à Cassel. Tu te souviens du docteur Spinnrock ? Il y est toujours. Je veux qu'il t'examine comme il faut. Après, nous saurons ce que nous pouvons faire...

— Et si je n'en ai pas envie, moi ?

— Je ne t'y forcerai pas, Stefan. Mais c'est un ami, le docteur Spinnrock. Un mot, un coup de téléphone, et je l'invite à venir dimanche à la campagne. En lui demandant de prendre avec lui ses appareils, bien entendu.

— Comme vous voudrez, dit Stefan. Que ça me plaise ou non, d'ailleurs, pourvu que vous ayez gain de cause ! J'ai tort de discuter.

— C'est aussi mon opinion. »

C'était dit sans méchanceté, sans colère. Toutefois, parce qu'il s'estimait satisfait de cette « reprise », et sentait Stefan près de céder, en dépit des apparences, il craignit de s'être montré trop tyrannique. Dans le même temps, il pensait à la scène de la veille, à cette gifle malencontreuse. Et ne sachant comment réparer sans risquer de perdre la face, il le poussa d'un grand coup d'épaule. Stefan glissa dans le fossé, se retrouva, tout bête, allongé sur le talus.

« Hein ? s'écria Henckel. Qu'est-ce que tu en dis ? c'est digne de Schmeling, non ! »

Et, riant, il contemplait Stefan qui s'apprêtait à rire, lui aussi.

Passionné d'athlétisme, finaliste du 100 mètres aux Jeux olympiques de Stockholm en 1912, le docteur Spinnrock avait en Allemagne, auprès des pratiquants, des dirigeants, et surtout des entraîneurs, une excellente renommée. Outre son autorité en médecine générale, qui lui valait, à Cassel, une clientèle importante, sa connaissance particulière des milieux sportifs, des études poussées en cardiologie, des recherches sur le comportement physiologique des athlètes aux différents stades de leur progression, à l'entraînement, en course, après l'effort, sur les causes de leur méforme ou d'exceptionnelles possibilités, la justesse de ses diagnostics, l'efficacité de ses conseils, de ses soins, l'auréolaient d'un prestige mis largement à profit. Il n'en tirait aucun orgueil, tenant l'indulgence et la simplicité pour des vertus éminemment sociales, et le signe d'un parfait équilibre spirituel.

Ses théories sur l'alimentation de l'athlète, la nécessité d'une nourriture saine, frugale, méthodique, les dangers du moindre écart pour qui se souciait d'atteindre à l'extrême limite de ses dons, de ses moyens, n'avaient cependant pas eu beaucoup de succès, bien qu'il les prônât en tout lieu, à tout instant, avec une foi juvénile qui amusait l'auditeur plus qu'elle ne le convainquait. Il aimait à dire qu'une goutte d'alcool dans l'organisme donnait à peu près le résultat d'une goutte d'eau mêlée à l'essence d'un moteur, et les brochures qu'il avait publiées avant la guerre contenaient nombre d'aphorismes de ce genre, imagés, péremptoires, placés en exergue aux chapitres.

À cette époque, Julius Henckel commençait à diriger ses coureurs selon les mêmes principes. Ayant lu et relu les livres du docteur Spinnrock, conquis par des idées qui répondaient si bien aux siennes, il l'alla trouver, le félicita, lui fit part de ses projets, et leur amitié naquit ce jour-là. Heureux d'avoir enfin rencontré un homme qui soutînt son dada avec enthousiasme, qui eût, par surcroît, l'amour de la course et la plus respectable conception de son métier d'entraîneur, le docteur Spinnrock ne cessa jamais d'offrir à Henckel son aide désintéressée, surveillant, contrôlant ses « garçons », comme il disait, toujours prêt à les ausculter, dressant des fiches, notant les performances, souvent au bord des pistes, sacrifiant même, à cette tâche qui l'exaltait, quelques-uns de ses malades les plus tenaces.

Quand Henckel lui amena Stefan Volker pour la première fois, peu après son arrivée à Cassel, en lui disant :

« Voilà un second Harbig, docteur. C'est mon point de vue. À vous de juger…

— Nous allons vérifier ça, répondit Spinnrock. Mais j'ai confiance en votre flair et en votre coup d'œil. »

Et lorsqu'il eut terminé son examen :

« Henckel, votre garçon a le cœur le plus doux, le plus sage que j'aie entendu de ma vie. Quarante-deux à peine couché ! Il ira loin. Il ira vite, surtout ! »

Puis à Volker qui se rhabillait :

« Tu nous prépares de beaux jours, jeune homme. Écoute ton professeur. Apprends à respirer, à manger peu mais bien, dorlote tes muscles, et tu auras ta médaille aux prochains Jeux olympiques. La médaille d'or, comme il se doit.

— Avant, il risque fort de se battre pour une autre médaille, dit Henckel. Il a dix-huit ans, presque, et la guerre n'est pas finie…

— Ça approche, Henckel. Et ce champion-là passera à travers…

— Toujours optimiste, docteur.

— Comment vivre, sans cela ! »

Affecté lui-même, quelques mois plus tard, au lazaret d'un camp de prisonniers du Schleswig, il en revint après l'armistice, rencontra Henckel qui se démenait pour obtenir des précisions sur le sort de Volker. Se souvenant des paroles qu'il avait eues pour le rassurer, et les regrettant, il le seconda dans ses recherches, multiplia les démarches, alerta des confrères, des membres de la Croix-Rouge. Les échecs ne l'empêchaient pas de garder bon espoir. Et malgré le scepticisme de Henckel qui lui répliquait, presque durement :

« Docteur Spinnrock, vous vous ferez toujours trop d'illusions. À quoi vous servent vos expériences, bon Dieu ? »

Il l'encourageait à persévérer, à croire en la générosité du hasard.

« Tenez, Henckel, je vous citerai encore le cas d'un de mes camarades, porté disparu en 1916, à Souchez, dans la Somme...

— Et moi, docteur, je vous citerai aussi le cas d'un de mes camarades, porté disparu en 1916, mais à Verdun celui-là, et qui l'est toujours, depuis trente ans ! »

Henckel se retira à Mielberg, le docteur Spinnrock le vit de moins en moins, et, par scrupule, ne se risqua jamais à l'aller déranger. Un jour qu'il compulsait ses fiches, il prit celle de Stefan Volker, la relut attentivement, mit une croix à côté du nom.

« Dommage ! dit-il. Nous aurions fait de grandes choses. »

À peine la servante fut-elle sortie du salon, après y avoir guidé Henckel et Volker, que le docteur Spinnrock apparut à une autre porte. Ils se levèrent ensemble, et Spinnrock dit, simplement :

« Je vous attendais.

— Comment ? s'écria Henckel. Vous nous attendiez ? Tous les deux ?

— Tous les deux ! »

Henckel le contemplait, abasourdi.

« Je voudrais bien que vous m'expliquiez ! Est-ce que depuis que je vous ai vu...

— Et il y a longtemps, Henckel, je vous le reproche !

— ... vous vous occuperiez de magie, par hasard ?

— Tout juste ! »

Henckel jeta son chapeau sur un fauteuil.

« Docteur, pas de plaisanterie...

— Un peu de patience, dit Spinnrock en riant. Auparavant, laissez-moi donner l'accolade à Volker. »

Et l'embrassant chaleureusement :

« J'ai l'air peu surpris de te revoir, lui dit-il. Mais hier, à la même heure, je dansais la gigue derrière mon bureau.

— C'est un coup de Voldemar ! dit Henckel.

— Voilà ! Votre ami Voldemar est venu exprès de Fulda pour tout me raconter, ce qui est louable, et je m'apprêtais à vous écrire, peut-être à me rendre dans votre brousse, pour vous dire tout le bien que je pensais de vous. Est-ce que je ne méritais pas d'être le premier à connaître la nouvelle, et sans délai ? Mais je suis incapable de rancune, Henckel. »

Voldemar avait fort bien renseigné le docteur Spinnrock, parlé de la réadaptation de Volker, lente, difficile, de la peine que se donnaient Henckel et sa femme pour l'arracher à sa névrose, exposé son point de vue en relatant sa conversation avec Julius. Si bien que lorsqu'ils furent assis tous les trois, dans le bureau, Henckel n'eut pas à s'interroger longtemps sur la façon d'aborder son sujet. Spinnrock attaqua, de son ton enjoué qu'il exagérait encore, comme par prudence.

« Il paraît que tu as envie de recourir ? dit-il à Stefan. Voilà une bonne idée.

— C'est plutôt M. Henckel qui en a envie pour moi, répondit Stefan. Et nous ne sommes pas du tout d'accord.

— Pourquoi donc ? Tu n'as plus confiance en lui ?

— Il a peut-être confiance en moi, dit Henckel, voyant qu'il hésitait. Du moins, je me l'imagine. Mais il est surtout devenu plus têtu que je ne l'ai jamais été... S'il se décidait à s'entraîner pour tout de bon, avec l'obstination qu'il met à se croire foutu, à se renfrogner, à se complaire dans son cafard, et à me le flanquer du même coup, je parie qu'en deux ans il rattrape le temps perdu et vaut encore 1 minute 50 secondes au 800… Je le parie, docteur ! »

Stefan tournait la tête, regardait des instruments de chirurgie dans une vitrine.

« C'est bien possible, dit Spinnrock. Si rien ne cloche à l'intérieur. Parce que ton bras, Volker, ce n'est pas un handicap insurmontable. Amputé au tiers moyen, à ce que je peux en juger. Quelques petits troubles d'équilibre, au début, que tu vaincrais sans mal… Tout à l'heure, j'examinerai ça comme il faut. Hormis ton visage – éclats d'obus, le même probablement – as-tu été blessé autre part ? Tes jambes, tes muscles sont intacts ?

— Oui, dit Stefan. Mais il aurait mieux valu…

— C'est son genre d'arguments ! s'écria Henckel en se levant soudain. Vous lui parlez de ses blessures, docteur ? Jamais il ne m'a montré son bras, jamais il ne m'a donné un mot d'explication. Où s'est-il battu ? Dans quelles circonstances, dans quelles conditions a-t-il été touché ? Qui l'a soigné ? À quel endroit ? J'en suis encore à me le demander…

— Asseyez-vous, Henckel, dit Spinnrock. Je vous comprends très bien. Je comprends aussi Volker. C'est une discrétion, une pudeur que j'approuve. Vous-même, s'il vous arrive de vous abîmer un doigt en jardinant, consentez-vous de bon cœur à en faire profiter votre femme, pour les soins, par exemple ? Dites-moi ? »

Et revenant à Volker, sans attendre de réponse :

« Franchement, si je t'assurais que tu peux courir comme autrefois, ou presque, que tu es encore capable, physiquement, de te défendre mieux que bien des garçons, entiers ceux-là, que je vois se traîner sur la piste, en queue de peloton, et loin derrière, comme s'ils allaient chez le dentiste ou se jeter à l'eau, que ferais-tu, Volker ?

— Je ne sais plus courir, vous vous trompez. Et surtout ça ne m'intéresserait pas de me défendre mieux que quelques types de second plan. Ce qui me plaisait, c'était de me battre moi-même, de toujours progresser, jusqu'à n'avoir plus personne devant moi. Je voulais tout ou rien. J'étais le deuxième coureur de 800 après Harbig. Je ne vivais que pour le rattraper et le dépasser. Je n'ai pas réussi. Maintenant il est trop tard… »

Le docteur Spinnrock le regarda longuement, le menton sur ses poings. Puis, frappant sur le bureau, et repoussant son fauteuil :

« Très bien, dit-il. Va dans la pièce à côté, déshabille-toi, et nous reparlerons de cela ensuite. »

Volker ne bougea pas. Il parut au contraire s'affermir sur sa chaise, prit son bras par l'extrémité de la manche, le ramena devant lui.

« Pas de manières avec moi, dit Spinnrock en le forçant à se lever. D'autant plus que j'aurai le dernier mot. J'en ai vu de plus coriaces que toi ! Malgré mes airs de bon garçon, quand il le faut je sais faire le méchant… Allez, trotte, orgueilleux ! »

Il l'ausculta, l'explora durant une heure, palpa ses muscles, vérifia ses articulations, le soumit à une série d'épreuves dont il comparait les résultats aux chiffres inscrits sur la fiche de Volker, avant de les communiquer parfois à Henckel qui marchait de long en large dans le bureau. Il mesura les variations du pouls et de la tension, selon un processus classique, alors que Volker était couché, debout, puis après l'avoir fait grimper sur un tabouret et en redescendre à vingt reprises.

« Le test de Schneider est concluant, dit-il à Henckel par la porte du cabinet. On le jurerait en pleine forme. En 1943, au moment de sa performance de Stuttgart, nous avions

44 couché, 48 debout, 76 après l'exercice, et retour à la normale en 35 secondes. Aujourd'hui – tenez-vous bien – je note 50, 54, 85 et 1 minute 5 pour qu'il retrouve son assiette. Ça tourne rond, il me semble ! Et pas le moindre souffle, le moindre bruit surajouté. Un cœur d'ange ! Nous allons l'admirer à la radio. Venez, Henckel... »

Et tandis que Spinnrock préparait l'appareil, Henckel lui raconta le coup de tête de Stefan, la veille, au stade de Klosburth.

« Il était presque dans les pommes, affalé sur la pelouse, blanc comme un linge, après un sprint à y laisser sa peau. Il se relève d'un bond, m'engueule carrément. Je prends son pouls... 88 ! Je me suis demandé si mon chrono n'était pas hors forme...

— Régalez-vous, Henckel ! Regardez ça ! Si ça fonctionne, si ça pompe, si ça fait bien son travail ! Une amplitude, une régularité superbes ! »

Et rallumant l'électricité :

« Volker, mon garçon, ce serait un crime de ne pas t'en servir pour la bonne cause. Si l'intégrité pulmonaire est en rapport, si tu envoies toujours tes 6 litres dans le spiromètre, il n'y a rien, tu entends, rien qui puisse t'empêcher d'être recordman d'Allemagne du 800... Tes jambes sont parfaites, les muscles souples, sensibles, plus longs, plus déliés que jamais. Tu t'es même développé. Tu as un torse plus large, plus ouvert. Autrefois, ça m'inquiétait un peu que tu sois étriqué, voûté comme un paysan. Quant à ton bras, on te l'a coupé proprement. Je te donnerai une bande pour protéger ton moignon. Et les gens qui te verront courir, crois-moi, s'y intéresseront moins qu'à tes jambes et à ta foulée. Tu me promettras donc, en partant d'ici, de recommencer à travailler dès demain. Culture physique, décontraction, et tout ce que Henckel connaît mieux que moi. Nous sommes d'accord, jeune homme ?

— Peut-être, dit Stefan, la tête basse.

— Sûrement... Sûrement... Une seule petite chose à surveiller : ton foie qui me paraît avoir de l'ambition. Pas de bière ! Pas de cochonneries ! Maintenant, prête-moi encore un peu de ta bonne volonté, et je te ficherai la paix dont tu as envie... »

Pendant que Volker se rhabillait, Henckel dit au docteur Spinnrock, en baissant la voix :

« Soyez franc, docteur. Et ne vous formalisez pas de ma question, s'il vous plaît. Était-ce pour l'encourager, pour l'aider à reprendre le dessus, parce que vous aviez pitié de lui, en somme, ou le pensez-vous capable d'être encore quelqu'un ? »

Assis à son bureau. Spinnrock classait la fiche de Stefan. Quand il l'eut remise en place, avec un soin calculé, il leva les yeux vers Henckel, sourit en le voyant si attentif à sa réponse.

« Mon vieux, dit-il, j'aimerais bien savoir mentir, pour une fois. Rien que pour vous faire enrager et me repaître de vos grimaces. Ce serait une façon comme une autre de me réjouir. Je ne peux toujours danser la gigue, non ! Encore moins devant vous ! Eh bien, Henckel, tout est vrai. Stefan Volker est un homme exceptionnel. Ce n'est plus qu'une affaire de volonté de sa part et de la vôtre...

— Comptez sur moi ! dit Henckel en lui tendant la main.

— Si vous avez un jour l'occasion de vous rendre à Risebach, dit Spinnrock, allez donc visiter le centre de rééducation sportive des mutilés de guerre. C'est la plus grande école de courage et de persévérance. Vous verrez à quoi l'on parvient quand on a le cœur bien accroché, qu'on veut continuer à vivre coûte que coûte, qu'on aime le sport, aussi, et qu'on croit à ses vertus. Imaginiez-vous, Henckel, qu'un aveugle pût courir un 100 mètres plat en 12 secondes ? Non, n'est-ce pas ? Moi non plus. Mais j'ai assisté à cela. J'ai vu le garçon foncer entre les deux fils qui lui étaient un couloir à hauteur de la poitrine, se jeter dans la nuit avec une énergie que je lui enviais. À l'arrivée, on se tenait prêt à l'avertir en se lançant sur lui, en l'agrippant, pour qu'il ne prolongeât pas son effort. Et le sourire de ce garçon-là, lorsqu'on lui annonçait son temps, les 12 secondes auxquelles bien des gaillards n'atteindront jamais, valait tous les spectacles de la terre. Allez à Risebach, Henckel, je vous le répète… »

Volker poussait alors la porte du bureau.

« Nous irons, docteur », dit Henckel.

X

Attendant que Stefan les eût devancés dans le vestibule, le docteur Spinnrock avait dit à Henckel, au moment du départ :

« Allez seul à Risebach. Pour Volker, le résultat serait peut-être différent de celui que vous souhaitez...

— Croyez-vous ?

— Je me méfie. C'est un curieux garçon, d'une grande susceptibilité, un peu trop sensible, et qu'il faut ménager. Certains mutilés, la plupart s'accommodent fort bien d'une existence commune. Ils ne souffrent pas de contempler en permanence leurs camarades. Ils se sont habitués. Tous ces bras, toutes ces jambes, tous ces visages en morceaux les laissent sans réaction dangereuse. D'autres jouent de leur infirmité comme d'un tremplin, comme d'un moyen efficace, et facile, pour obtenir ce qu'ils n'auraient jamais eu étant intacts, qu'il s'agisse de gratifications morales ou matérielles. On appelle cela la sinistrose... Enfin, il y a ceux qui ne se consoleront pas d'être déchus, amoindris, auxquels tout est motif à accroître leur infortune, à exacerber leur aigreur, leurs ressentiments contre l'ensemble du monde, contre tout et rien à la fois. Volker me paraît bien en être... »

Risebach n'étant guère éloigné de Cassel, Henckel avait jugé l'occasion favorable et décidé de s'y rendre le jour même. Il se demanda s'il convenait d'écouter le docteur Spinnrock, estimant ses craintes exagérées. Il pensait au contraire que

Stefan, en face d'hommes plus atteints qu'il ne l'était, autrement désavantagés, et pourtant actifs, se reprocherait à coup sûr son inertie, son entêtement à rebours.

« Après ce que Spinnrock lui a dit sur sa condition, ses possibilités, ce serait quand même drôle qu'il n'ait pas, là-bas, un petit choc salutaire, l'envie de se bagarrer au plus tôt, et de faire mieux que les autres... »

Mais Henckel trouvait moins judicieux de prévenir Stefan du but de leur voyage. Des termes trop crus, inévitables, l'empêchaient de lui parler de ce centre, de ce qu'il allait y voir. Pouvait-il, comme le docteur Spinnrock, avec autant de désinvolture, l'allécher par une description enthousiaste, lui représenter les efforts de ces hommes, leurs luttes, comme une attraction à ne pas manquer ?

Volker dormit, regarda le paysage, et ne s'occupa point de Henckel. Quand le silence lui semblait insupportable, Henckel tentait bien de lancer la conversation, mais Stefan s'y prêtait si mal qu'elle tombait vite, quelque question que l'on abordât. À plusieurs reprises, Henckel demanda :

« À quoi penses-tu ? »

Et Stefan répondait, invariablement :

« À rien.

— Tant mieux, dit Henckel, une fois. C'est parfait pour la détente. »

Il n'insistait jamais, persuadé que Stefan songeait à beaucoup de choses, et que sa contention devait avoir aujourd'hui meilleur goût. En vue de Risebach, il dit, très détaché :

« Ça ne t'intéresse pas de savoir ce que nous venons faire ici ?

— Je vous suis, dit Stefan. Il faut bien que je me réhabitue à cet entraînement-là avant l'autre. Obéir au doigt et à l'œil. Chercher à comprendre le moins possible. Et ne pas m'inquiéter, puisque tout est pour mon bien et la réussite. Je n'ai pas oublié vos leçons...

— Ça ne me déplaît pas, dit Henckel. Mais j'ajoutais toujours : “De bon cœur et avec le sourire.” Pour que ce soit vraiment profitable... »

Et après un temps, comme s'il eût guetté l'acquiescement à son conseil :

« Tu avais un bon camarade à Risebach, Lothar... Le décathlonien... Veux-tu que nous nous renseignions ?

— Non, dit Stefan. J'ai rencontré déjà trop de monde... »

Henckel faillit bien relever le propos, afin de montrer qu'il se sentait visé. Mais il se dit qu'il valait mieux être indulgent, que tout cela n'aurait bientôt plus d'importance.

Le train entrait en gare, et Stefan gagna le couloir.

« Un jour, dit Henckel en le rejoignant, il faudra que tu m'expliques pourquoi tu avais changé de nom, et qui était ce Sporn dont tu as les papiers.

— Sporn couchait près de moi à l'hôpital de Stettin, répondit Stefan. Il est mort. Sur la petite table, entre nos deux lits, il y avait ses affaires personnelles et les miennes. Le lendemain, j'ai retrouvé son livret de soldat sous des journaux. Je l'ai gardé. Parce que je pensais depuis longtemps que le nom de Volker ne m'allait plus, qu'il était à quelqu'un à qui j'avais cessé de ressembler, et que personne ne devait essayer de reconnaître en moi. C'est simple.

— Peut-être ! Mais tu risquais gros.

— J'avais été capable de voler et de mentir. Je serais allé en prison sans me défendre. Je ne tenais plus à rien qu'à me cacher et à me démolir davantage... »

Ils descendirent sur le quai. Tandis qu'ils sortaient de la gare, Henckel prit Stefan par le bras, amicalement.

« Quand tu seras au point, dit-il, et qu'il faudra te remettre aux compétitions, à la fin de la saison sans doute, tu pourras courir sous le nom de Sporn, si tu veux. Jusqu'au jour où tu jugeras tes temps dignes de Volker. Qu'en penses-tu ?

— Je pense que vous voyez loin, monsieur Henckel, répondit Stefan en se dégageant. Et que nous allons nous faire souffrir l'un et l'autre pour pas grand-chose.

— Nous souffrirons, dit Henckel. Toi le premier. Mais d'une bonne souffrance, celle-là, tu le sais bien. »

Ils dînèrent, puis Henckel loua une chambre à deux lits dans un hôtel proche de la gare.

« Dors bien, dit-il à Stefan. Il va falloir que tu réapprennes à te reposer, à doser ton sommeil et à le trouver sitôt couché. Dix heures, sept heures... La vieille formule... »

Stefan pensait à autre chose.

« C'est le docteur Spinnrock qui vous a conseillé de venir à Risebach ? dit-il. Pour qu'un spécialiste m'examine ? Et peut-être parce que vous avez l'intention de me faire cadeau d'un appareil ? Mais je ne veux ni l'un ni l'autre...

— Rien de tout cela, rassure-toi. »

Lui-même s'efforça de se rassurer avant de s'endormir. Le lendemain, lorsqu'il se renseigna sur le centre de rééducation auprès du gérant de l'hôtel, il le fit en parlant à voix basse, lorgnant Stefan qui regardait des affiches de tourisme dans le hall. En cours de route, il dut interroger un promeneur, un homme volubile, par trop serviable. Arrêté à quelques pas, Stefan les observait. Et Henckel rompit soudain, sans même remercier, ayant à peine compris les explications.

C'était une tactique bien puérile. Mais qu'il en eût conscience, qu'il s'étonnât d'être devenu si faible, ne l'incitait pas à plus de franchise. Il rusa jusqu'au bout sans vergogne.

« Voilà le fameux centre de rééducation ! dit-il enfin, avec une surprise outrée. On m'a certifié que c'était dans le genre l'établissement le plus moderne d'Allemagne...

— Le docteur Spinnrock ?

— En effet. Il l'a visité, et j'ai bien envie, moi-même, de voir ça de près... »

Il avança, décidé, s'imaginant que Stefan céderait à ce geste plus qu'à n'importe quelle invite.

« Viens-tu ?

— Non !

— Alors je m'en passerai », dit Henckel en revenant vers lui.

Ce n'était pas de sa part une sorte de chantage. Il abdiquait vraiment, s'apercevant enfin, à l'attitude de Stefan, à la brutalité de son refus, qu'il avait eu tort d'espérer quoi que ce fût, redoutant surtout d'avoir de nouveau tout gâché.

« Je ne pensais pas...

— Moi non plus, monsieur Henckel, je ne pensais pas que vous vouliez tant vous distraire. Allons-y ! »

Henckel fut obligé de courir pour le rattraper avant le porche. Et côte à côte, à grandes enjambées, sans plus se dire un mot, ils traversèrent le couloir d'accès. Au-delà, entre deux bâtiments, on distinguait l'éclaircie d'une pelouse. Avant qu'ils débouchassent dans la cour, des employés les croisèrent sans leur prêter attention, et sans qu'eux-mêmes songeassent à légitimer leur présence. Des paraplégiques bavardaient, leurs voitures alignées le long d'un massif. À plat ventre sur de hautes civières mobiles à quatre roues, d'autres infirmes les rejoignaient, une jambe traînant à terre et s'y appuyant en des coups de semelle rapides, comme des enfants avec leur patinette. Henckel marcha longtemps de biais afin de les observer à son aise.

Un ballon de football passa dans la trouée de ciel, entre les bâtiments ; des hommes suivirent, sautant à cloche-pied.

« Tiens, dit Henckel, ils jouent, là-bas... »

Stefan allait devant lui, son bras droit plié, serré contre la hanche, et l'on eût cru qu'il guidait un visiteur dans son propre domaine. Il s'arrêta net au bord du stade. Des mutilés disputaient un match, manchots, amputés des deux bras, unijambistes qui se déplaçaient en bondissant, shootaient, perdant parfois l'équilibre, mais se relevant d'eux-mêmes, et reprenant leur souffle, immobiles, figés sur la pelouse. Pour dribbler, certains s'aidaient d'une béquille ou de leur pilon. Un joueur bloqua la balle sur le moignon de sa cuisse, et jonglant, la contrôlant de la tête, parvint jusqu'au but.

« Pas mal ! » dit Henckel derrière Stefan.

Volker se retourna :

« J'ai vu mieux, monsieur Henckel. S'habiller tout seul, cirer ses chaussures, se raser quand on n'a plus de mains, les deux bras coupés aux poignets, c'est aussi du sport. Et bien d'autres choses dont vous n'avez pas idée. Si ça vous plaît, si vous trouvez ça pas mal, profitez-en ! »

Et il s'en alla, laissant Henckel chercher ses mots, puis dire enfin, sans qu'il pût l'entendre :

« Ne te fâche pas, bon Dieu ! »

Des infirmes arrivaient dans leurs chaises roulantes, et Stefan se rangea contre le mur. Il les vit à peine, tout à sa colère, pressé de repartir avant que Henckel l'eût rejoint.

« Volker ! »

Une voiturette obliquait déjà.

« Koplitz ! s'écria Stefan.

— Lui-même. En chair et en os ! En ferraille, surtout ! Donne la patte qui te reste que je te l'écrase, grand homme. Ça alors ! Et c'est moi que tu cherchais, c'est moi que tu venais voir ? Pour me faire plaisir, Volker, même si ce n'est pas vrai ! Tu te rappelles, à Stettin ? Quelle rigolade ! »

Henckel approchait lentement, hésitait à les aborder. Koplitz mit la main en visière sur son front.

« C'est M. Henckel ! Le meilleur entraîneur du monde ! Vous me reconnaissez, non ?

— Bien sûr, mon vieux Koplitz ! » dit Henckel en s'élançant.

Il secouait la main, le regardait dans les yeux, mais sans savoir quoi prononcer de sympathique et de pas trop banal. Et Volker les contemplait, souriait un peu.

Deux javelots étaient posés en travers de la voiture, à la droite de Koplitz. Volker avança le bras, les caressa.

« Eh oui ! s'écria Koplitz. De sauteur, me voilà lanceur de javelot. Et de classe, tu entends ! 18 m 25 ! Record d'Allemagne des mutilés ! Je suis heureux comme un pape, ici. Je joue au basket, au ping-pong, au handball. Je tire à l'arc. J'apprends l'escrime. Je bats les copains à la course avec ma poussette... »

Et tapant sur les jambes articulées qui montaient jusqu'à ses hanches :

« C'est dur, c'est solide, c'est musclé ! On ne craint plus les claquages, avec ça !

— Les deux ? dit Henckel malgré lui.

— Les deux, monsieur Henckel. Mais au moins je ne boite pas ! »

Stefan regardait les jambes de Koplitz, les genoux pointant sous le survêtement, les pieds de métal dans l'échancrure. Il se sentait tout à coup gêné, incapable, comme à l'hôpital de Stettin, de goûter le ton de Koplitz, son humour, d'y répliquer surtout. Pour la première fois, il avait l'impression d'être un homme normal, l'égal de Henckel par exemple, prêt à s'étonner d'une telle disgrâce, prêt à s'apitoyer lui aussi...

« Il y a mieux, dit Koplitz. Tiens, Volker… Tu te souviens de Brischke, le gars qui n'avait plus ni bras ni jambes, et qu'on croyait foutu. Qui passait tous les jours sur le billard. Un sergent…

— Oui, dit Stefan.

— Il est là, le verni. Et il se défend ! Au début, on l'aidait un peu entre nous. Maintenant, avec sa collection d'appareils, il fait l'acrobate dans la chambre, et c'est lui qui rend service aux autres. Ça lui plaît tellement qu'on le prend pour notre groom, tout sergent qu'il était. Mais avant d'en arriver là, il en a bien bavé. Il ne dormait plus. Il s'exerçait jour et nuit à faire fonctionner son bric-à-brac. Une fois, il a voulu descendre l'escalier. L'ascenseur, c'était trop facile pour lui. On aurait dit un bombardement ! On s'est levés, les uns et les autres, aussi vite qu'on le pouvait. Brischke était déjà debout au milieu du couloir, et il avait l'air de se foutre de nous. Et quand on lui a demandé si tout allait bien, à part ça, il a répondu en montrant une de ses guibolles disloquée : "Je crois que j'ai une entorse, les gars !" »

Il rit à ce souvenir, en observant Henckel et Volker tour à tour, comme s'il attendait d'eux qu'ils s'amusassent avec lui du bon mot de Brischke.

« Et toi, Volker ? Je lis les journaux de temps en temps. J'espérais toujours voir ton nom… Ou ta photo à l'arrivée d'un 800 à tout casser. Je me disais que tu avais dû retrouver la grande forme. Tu recours un peu, non ? »

Stefan regarda Henckel.

« Oui, dit-il. J'ai recommencé à m'entraîner… M. Henckel et le docteur Spinnrock pensent que je peux faire encore quelque chose. J'ai vingt-trois ans… En travaillant bien… »

Henckel se retenait de respirer. Ses mains tremblaient et il les mit vivement dans ses poches.

« Vas-y ! dit Koplitz. Fonce, Volker ! Tu battras tout le monde, un jour. Pas vrai ? »

Stefan soupesait un javelot, machinalement.

« Tout le monde, c'est beaucoup, Koplitz. Mais moi et mon record, peut-être bien.

— On te fera une haie d'honneur ! Les bancals, les culs-de-jatte, les estropiés en tout genre. Tu seras notre champion, Volker. Au boulot, grand homme ! Et serre les dents ! »

Quand Koplitz les quitta, ils restèrent longtemps côte à côte à le regarder rouler sa voiture en direction du stade. Avant d'atteindre la pelouse et de disparaître, il se retourna pour leur adresser un salut. Puis, prenant un de ses javelots, comme impatient de s'exercer, il ébaucha le geste classique, le bras allant et venant au ras de l'épaule.

« Quel type ! » dit Henckel.

Et bien que Stefan fût déjà parti, il demeurait là, immobile, à contempler le chemin désert.

Tandis qu'ils rejoignaient la gare de Risebach, Stefan dit soudain :

« Il ne faudra pas me ménager, monsieur Henckel. Dès demain, vous vous occuperez de moi. Comme avant...

— Oui, dit Henckel. Dès demain. Et comme avant.

— Je ne courrai pas pour me distraire ou pour vous être agréable, vous le savez. J'ai dit au docteur Spinnrock que je voulais tout ou rien. C'est vrai. Lui m'a répondu que j'étais orgueilleux. C'est encore vrai. Je ferai mon possible, et davantage, pour redevenir ce que j'étais. Mais si je risque d'échouer, si dans quelques mois vous pensez que nous nous sommes trompés, tous, et que je ne peux plus prétendre à grand-chose, vous serez franc, monsieur Henckel ? Je vous remercierai gentiment, et je m'en irai autre part. Pour tout de bon, cette fois...

— Bien sûr, bien sûr, dit Henckel. Seulement, tu dois comprendre que nous n'aurons rien sans beaucoup de patience et pas mal de désillusions en cours de route. Ce sera long, Stefan ! Nous avons besoin de deux années...

— Nous sommes au mois de mai, presque en juin, monsieur Henckel. À combien comptez-vous m'amener à la fin de la saison, en octobre, par exemple ? »

Henckel s'arrêta, prit un morceau de papier dans son portefeuille.

« J'ai déjà fait nos plans, tu vois... »

Mais sans même regarder ses chiffres :

« 1 minute 55 secondes, 1 minute 56 secondes... Si tout va bien.

— Pas moins ?

— Tout dépend de toi. Mais il vaut mieux être prudent, Stefan. Quitte à rire de nous, après...

— Mettez 1 minute 53 secondes, monsieur Henckel. Et nous rirons quand même, je vous le promets.

— 1 minute 54 secondes, Stefan. C'est plus raisonnable.

— Ce qui me classera à la trentième place, à peu près, des meilleurs coureurs allemands sur 800 mètres ?

— À la vingt-cinquième exactement. Ex-aequo avec les vieux Lefeber, Jauch et Böttcher... J'ai bonne mémoire, hein ? Et ce serait superbe, Stefan, superbe ! »

Des gens les heurtèrent en maugréant. Ils se décidèrent à continuer leur marche, sans rien voir, sans rien entendre.

« Là-bas, je m'entraînerai mieux que partout ailleurs, dit Stefan. C'est calme. Il y a des arbres, de l'herbe, du bon air... Tout ce qui me plaît, tout ce qui me convient. Cet hiver, je ne perdrai pas mon temps. Footing... Culture physique... Et l'année prochaine, je rattraperai mes quatre secondes, monsieur Henckel...

– Sûrement, Stefan. Je t'y aiderai de toutes mes forces. Même si mon jardin doit en souffrir ! »

Henckel pensait s'arrêter à Fulda, chez les Voldemar. Mais il lui semblait maintenant n'avoir plus le droit de paresser. Il fallait profiter des bonnes dispositions de Stefan, de son enthousiasme. Lui montrer l'exemple, aussi. Ne rien gaspiller de ces minutes, de ces secondes qui redevenaient son but et sa chance de mieux vivre. Toutefois, Henckel lui demanda s'il aimerait revoir Voldemar.

« Pas encore, répondit Stefan.

– Tu as raison, dit Henckel. Nous attendrons que tu aies un bon résultat. Il en tombera de son haut, le beau parleur ! »

Comme il projetait d'acheter à Fulda l'équipement de Stefan, il ne voulut pas quitter Risebach sans avoir au moins trouvé des chaussures convenables. Il en choisit deux paires, les obtint plus aisément qu'il ne le croyait, et, stimulé, enhardi, sortit du magasin avec une collection de maillots et de culottes.

« J'espérais te faire cadeau d'un survêtement neuf, dit-il à Stefan. Mais il nous aurait fallu rentrer à pied à la maison ! »

Durant le voyage, Stefan ne cessa d'interroger Henckel sur des sujets dont il s'était longtemps désintéressé. Il avait besoin de connaître de nouveau toute l'actualité sportive, les performances d'athlètes allemands ou étrangers, les possibilités de ses anciens rivaux ou de jeunes coureurs qu'il affronterait sans doute... Henckel s'efforçait de ne rien oublier, citait des noms, des chiffres, commentait avec une moue admirative ou sceptique.

Il se sentait si détendu, si heureux de ce revirement, si confiant aussi, qu'il se mit soudain à fredonner en tapotant la vitre. Il se reprit, et regarda Stefan du coin de l'œil.

« Vous êtes content, monsieur Henckel ?

— Tu vois, je chante ! Depuis des années je ne m'étais pas payé une chose pareille. Je t'en remercie ! »

Et, après un silence :

« En arrivant, il faudrait que tu annonces toi-même cette bonne nouvelle à Helga. Tu lui dirais : “C'est décidé, madame Henckel. Tout va bien maintenant.” Elle comprendrait...

— C'était mon intention », dit Stefan.

XI

« Allonge les bras ! Le droit surtout ! Allonge ! Tes jambes aussi… Plus souple ! Déroule ! Reçois-toi légèrement. Effleure la piste… Écoute-toi courir. Pas de bruit. En douceur… Et souffle bien. Respire normalement… »

À chaque tour, Henckel hurlait ses conseils, les mimait avec exagération, battait l'air, esquissait deux ou trois foulées sur la pointe des pieds, comme un danseur dans un ballet comique, soufflait même, gonflant les joues, courbant les épaules, pressant des mains son ventre et sa poitrine. Et, sans jamais lui adresser un coup d'œil au passage, Volker obéissait, corrigeait sa position.

« Stop ! C'est bon. Déchausse-toi… Remets ton survêtement… Quinze minutes de marche sur la pelouse… »

En trottant, Stefan rejoignit Henckel, s'assit dans l'herbe, délaça ses pointes.

« J'ai la tête dure ? »

Il terminait là son deuxième 1 000 mètres à allure réduite, coupés d'un quart d'heure de marche, et Henckel n'avait cessé de le harceler, tel un débutant.

« Ne t'inquiète pas. Je te reprends beaucoup. Je te tarabuste. C'est exprès. Rien ne prouve que je ne sois pas satisfait. Mais je veux que tu te surveilles constamment, que tu penses à utiliser toutes tes ressources, tous tes moyens. Jusqu'à ce que ça devienne mécanique… Avant de courir vite, ou pour courir vite, si tu préfères, il faut d'abord bien courir.

— J'ai tant perdu, monsieur Henckel ?

— Nous devons être plus exigeants, voilà tout. »

Quand Stefan eut suffisamment tourné sur la pelouse, au pas, décontracté, les bras ballants, Henckel – le rappela d'un geste :

« Un 600 pour finir. En 1 minute 50 secondes. Règle ton départ tout seul. Pas fatigué ?

— Non.

— Alors, prépare-toi. »

Il l'accompagna au point de départ, le regarda s'installer, le pied gauche sur la ligne, l'autre en retrait, courbé, les yeux fixés devant lui, leva le bras :

« Hop ! »

Et tandis qu'il courait, Henckel, le chronomètre en main, fit ses critiques à haute voix :

« Trop vite. Il est parti pour 1 minute 32 secondes, 1 minute 34 secondes... Il ne tiendra pas. Il va ralentir aux 300 mètres. Foulée trop courte... Ah ! il comprend son erreur. Et il se fout de plus en plus de son bras droit. C'est parfait ! »

Il pivotait au fur et à mesure, suivait Stefan du regard au long de la piste, en oubliait même de gagner la ligne d'arrivée pour contrôler le temps. Il dut traverser la pelouse en courant de son mieux.

« 1 minute 49 secondes et 3/10 ! Très bien. Mieux que la semaine dernière, surtout. Donne ton poignet... »

Plus essoufflé que Stefan, il eut de la peine à compter les battements.

« Normal. Mais moi, en revanche, je dépasse mes bornes, dit-il en riant. À ce régime-là, je ne ferai pas de vieux os. Rhabille-toi. Marche un peu. Après-demain, série de 200 à 27 de moyenne.

— Quand me laisserez-vous faire un 800 à fond, monsieur Henckel ?

— Pas tout de suite, je te l'ai dit. Tu en meurs d'envie. Seulement, tu serais déçu et ça ne te vaudrait rien.

— Je me sens bien, pourtant. Je suis sûr d'approcher les 2 minutes. Largement...

— Tu te trompes. Et comme je te connais, tu forcerais pour me prouver le contraire. Ce qui ne nous apporterait pas grand-chose. Tiens... L'autre semaine, pour te faire plaisir...

— Il y a deux mois, bientôt, que vous me répétez ça !

— Ma parole, cette fois ! »

Ils venaient tous les deux jours à Klosburth, au début de la matinée. En chemin, Stefan s'échauffait, courait en petites foulées, s'assouplissait. Au stade, les pointes chaussées, il s'entraînait durant une heure, selon le programme établi par Henckel pour chaque séance, les courses longues, toujours à demi-allure, alternant avec des courses de vitesse coupées de repos brefs, à une cadence que Stefan devait respecter afin de s'habituer à doser ses efforts. C'était là un travail préparatoire avant la période d'entraînement intensif, quotidien, que Henckel imposerait à Stefan au terme de la saison, pendant tout le mois de septembre, s'il le jugeait alors en bonne condition physique et morale.

Henckel n'avait eu qu'à se louer de la docilité de Stefan, de sa persévérance, et des résultats obtenus. Avec sagesse, il s'était attaché d'abord à lui rendre l'entière disponibilité de ses membres, à exiger de ses mouvements leur pleine efficacité, à parfaire son style, en attendant d'endurcir son cœur et ses muscles, d'éduquer de nouveau son énergie, sa volonté de vaincre. Il lui réapprendrait plus tard à conduire ses courses, à choisir la tactique appropriée, à user de ses réflexes, de son instinct, à ne pas commettre d'erreurs, à exploiter en revanche celles de ses adversaires.

Mais il craignait de plus en plus que Stefan ne manquât de patience, qu'il ne fût tenté, par trop confiant, par trop impulsif, de négliger les leçons, de sonder ses moyens par un vain coup d'éclat, bâclant ainsi une préparation si bien commencée, si prometteuse. Henckel le voyait nerveux, boudeur parfois, prêt à le rabrouer. Stefan retrouverait-il jamais l'équilibre, la maîtrise de soi qui l'avaient tant aidé au début de sa carrière ? Et comme Henckel répugnait maintenant à le malmener, il en appelait à son bon sens.

« Souviens-toi de ce que je t'ai toujours dit, Stefan. Le 800 mètres, c'est la course la plus belle et la plus dure qui soit. Plus dure que le 400, épreuve de vitesse prolongée, puisqu'il s'agit, comme le faisait Harbig, de couvrir quatre 100 mètres successifs à 11 secondes 5/10 de moyenne. Mais s'il suffit, pour gagner un 400, d'être fort, bien sûr, de partir à fond dès le coup de pistolet et de ne pas céder d'un pouce jusqu'à l'arrivée, le 800, lui, réclame davantage. C'est une course de vitesse de longue haleine, où il y a du temps, toutefois, pour la réflexion, l'habileté et l'intelligence. Il faut donc en tirer parti au maximum. Il faut regarder ses voisins, épier l'allure de ceux qui vous précèdent, jauger leur forme, écouter le souffle de ceux qui vous suivent, le bruit de leurs pointes, pesant ou léger, en déduire quelque chose de profitable, une indication, un avertissement, un soutien. Il faut lutter comme un diable pour se placer, et surtout à la meilleure place, penser à se dégager au bon instant, parer toutes les attaques, toutes les ruses. Il faut calculer l'endroit exact où il convient d'improviser, de se lancer soi-même à coup sûr, avec toutes les chances, tous les atouts. Très bien, parfait, si l'on s'acquitte entièrement de ces tâches, si l'on se montre avisé et psychologue. Il importe encore que tous ces soucis ne nuisent pas à l'effort physique, à son épanouissement, et que la coordination soit totale. Je rabâche, d'accord ! Tu sais tout cela aussi bien que moi. Tu l'as prouvé. Mais tu sais de même que les bonnes habitudes se perdent mieux et plus vite qu'elles ne s'acquièrent, que la clairvoyance, l'audace, l'esprit de décision sont, comme le reste, simple affaire d'entraînement. Ton avenir serait limité, ton ambition modeste, je te laisserais agir à ton gré, en me disant : "Ne nous fatiguons ni l'un ni l'autre. Il viendra bien à bout des quelques seconds rôles que je lui offrirai. À défaut de technique, de science plutôt, et d'une éducation suffisante de tous ses moyens, il a du courage, de l'orgueil, des souvenirs..." Mais nous visons loin, Stefan. Et très haut. Les garçons que tu rencontreras connaîtront leur métier sur le bout du doigt, par cœur, comme on dit. Eux aussi penseront à regarder, à épier, à estimer, à tirer des plans. Le plus fort, le plus fin, le plus intelligent à la fois battra tous les autres. À chaque course. Parce que c'est la logique même et qu'en athlétisme tout est logique. Et moi, je veux que tu sois celui-là. À chaque course... Alors, ne précipite rien. Aie autant de patience que j'en ai. Si tu crois que ma manière est bonne, obéis-moi sans rechigner, sans grimaces, comme tu l'as fait jusqu'ici... »

Les premiers jours, Henckel avait redouté que l'amputation ne fût un grave handicap. Le bras conservait une raideur qui empêchait Stefan de s'en servir comme d'un balancier pour équilibrer son corps, développer sa foulée, accroître sa vitesse et sa puissance. Certains muscles semblaient atrophiés, et, quoi qu'il fît pour se débarrasser de ce tic, Stefan freinait le mouvement de va-et-vient contre sa hanche.

« C'est plus fort que moi, disait-il à Henckel qui n'osait le critiquer à ce sujet. Et de temps en temps ça pèse, ça tiraille... Je ne veux pourtant pas abandonner !

— Ne t'affole pas, répondit Henckel, tâchant de se rassurer du même coup. Tout cela était à prévoir... La gêne, la douleur... Le docteur Spinnrock nous avait avertis. C'est un peu long, bien sûr. Ce qu'il faut, en tout cas, c'est s'entêter, ne pas laisser ton bras en repos, le rééduquer malgré lui. Il cédera. Comme te disait Koplitz : serre les dents... »

Il l'astreignit alors à des exercices qu'il jugeait seuls capables de rendre toute aisance à son bras. Il le fit boxer contre son ombre, sauter à la corde, une extrémité liée à son moignon, et Stefan se soumit de bonne grâce, si ridicule qu'il se trouvât au début. Mais Henckel lui avait dit :

« Va dans les bois ou dans la vallée. À ton choix. Tu seras plus tranquille. Si ça ne marche pas, et si tu me le demandes, je t'accompagnerai. Ne te ménage pas. Tape ! En élargissant les crochets et les uppercuts, en amplifiant les trajectoires. Tu dois oublier que ton bras ne sert à rien. Tu dois te comporter comme tout le monde... Ça m'est facile, bien sûr. Tu penses peut-être qu'à ta place je serais moins optimiste, moins gaillard. J'ai raison pourtant. Je voudrais même que tu arrives, le matin, à me le tendre machinalement, plutôt que ta main gauche, quand nous nous disons bonjour... »

Stefan avait emmené Spitz, la première fois.

« Le chien, c'est encore trop, dit-il à Henckel, en revenant. Impossible de travailler ! Il boxait avec moi, bondissait, aboyait à tout rompre, comme s'il me croyait là pour m'amuser... Autrement, ça doit aller. Et ça ne sera pas mauvais non plus pour mon souffle et mes jambes... »

Helga le regardait avec beaucoup d'admiration, transformée elle aussi, souriant sans cesse, partageant leur contentement à tous les deux, certaine qu'ils aboutiraient.

« Ne te fatigue pas trop quand même, Stefan. Sois sage... »

C'était sa grande crainte. Pas un jour qu'elle ne s'inquiétât de sa santé, qu'elle ne lui recommandât la prudence.

« Tu es un peu comme un convalescent. Si la transition est trop brutale, tu t'en ressentiras plus tard... Essuie-toi bien quand tu t'es entraîné... »

En cachette de Henckel, et parfois devant lui, méprisant les vieilles consignes. Mais soudain devenu plus compréhensif, plus indulgent, il la tranquillisait.

« Aucun danger pour l'instant. Il est solide, plein de vigueur. Et en bon état, je le vois à ses yeux. Il mange bien, il dort comme il faut, il se lève sans peine, toujours avant moi... Et dis-toi bien que je veille aussi, sans en avoir l'air. Le faire courir, transpirer, se donner à fond, mais se soucier de son corps, évaluer les relâches, les contre-efforts nécessaires et les répartir, c'est tout le travail de l'entraîneur, Helga. »

Il n'était pas si sûr que Stefan eût un sommeil paisible et qu'il en profitât sitôt couché. Sans doute, reprenant ses rêves, ses songeries auxquels on l'arrachait souvent, continuait-il à lutter, à méditer ses chances de résurrection, les progrès qu'il lui restait à faire, se promettant tous les exploits, les réalisant même, plus fourbu, à la fin, qu'après ses séances de shadow ou d'entraînement au stade de Klosburth.

Henckel l'interrogeait tous les matins, et non seulement par gentillesse ou par habitude :

« Bien dormi ?

— Ça va... Je dormirai encore mieux quand je me dépenserai davantage.

— Faim ?

— Vous allez voir ! »

Il répondit, une fois :

« J'ai bon appétit, mais sans honte. Je sais que je vous revaudrai ça bientôt ! »

S'il tenait à prouver très vite qu'on avait eu raison de lui faire confiance, il voulait avant tout connaître ses moyens actuels afin d'envisager l'avenir à sa guise. L'assurance de Henckel, ses encouragements, ses théories ne lui suffisaient plus. Après trois mois de travail, il se sentait capable de courir de nouveau contre le chronomètre, seul en piste, et d'y gagner une performance qui le stimulerait mieux que toutes les promesses. « Combien je vaux sur 800 mètres ? Suis-je loin de ma meilleure forme ? De mon record ? » Toutes les fois, il arrivait au stade avec l'espoir d'entendre Henckel lui dire brutalement, comme pour mieux se régaler :

« Ce matin, nous y allons ! Échauffe-toi un bon moment, et montre-moi ce que tu peux encore faire. »

Un jour, sur la route de Klosburth, le facteur remit à Henckel une lettre du docteur Spinnrock. Henckel la lut en marchant, puis dit à Stefan :

« Je lui ai donné de tes nouvelles, et il est très fier de toi. Il ajoute, en post-scriptum : "N'oubliez pas de me communiquer ses temps sur toutes les distances où il s'essaiera..."

— Vous voyez ! s'écria Stefan. Lui aussi s'impatiente. Tenez, monsieur Henckel... Je suis très bien aujourd'hui. Mieux que d'habitude, même. J'ai dormi comme jamais. En pleine forme, je vous jure... »

Souriant, Henckel le regardait sauter sur place, appuyer ses paroles de grands gestes.

« Et pas mal nerveux !

— Forcément, avec vous !

— Eh bien, pas aujourd'hui, Stefan.

— Bon Dieu !...

— Laisse-moi finir... Je veux savoir, ce matin, où en est ta vitesse et comment tu récupères. Je te demanderai un 400 demain. Un vrai, comme tu y comptes. Aujourd'hui, tu feras ta petite série de 200, entre 25 et 26 secondes. Ne cherche pas à m'éblouir. Cherche plutôt à balancer tes efforts. Dans un 400, il y a deux fois 200 mètres. Et pour terminer le deuxième comme je souhaite que tu le termines, il faut les équilibrer. Rappelle-toi Will et Martins, qui n'ont jamais pu venir à bout d'un 400 proprement. Qui piétinaient, qui se traînaient dans la ligne droite, et que tous les camarades remontaient, vingt mètres avant le fil... »

Les poings aux hanches, planté sur la piste dans l'axe du couloir, Henckel regardait Volker foncer sur lui. Il courait aisément, projetait ses bras avec force, avec régularité, le buste droit, sans se désunir, sans varier le rythme et l'ampleur de ses foulées. Henckel l'esquiva de justesse au moment où il franchissait la ligne.

« 24 secondes 6/10 ! Un peu rapide. Mais ton allure est excellente... Bravo ! Lève moins les genoux, quand même, et décompose moins. C'est joli, mais pas économique. Cinq minutes de repos. Balade-toi... Et on recommence. »

Volker courut quatre autres 200 mètres espacés d'une brève détente, dans le temps donné, à quelques dixièmes près. Bien que le dernier eût été le plus lent, il ne semblait pas que Volker fût fatigué. Il avait jusqu'au bout conservé sa souplesse et soigné son style.

« Comment te sentais-tu ? demanda Henckel. Ton souffle ? Tes jambes ?

— En pleine forme, je vous ai dit ! Capable d'en courir encore cinq ou six, si vous le voulez. Vous ne me croyez pas ?

— Je te crois !

— Toujours d'accord, pour demain ? »

Henckel prit une serviette dans le sac de Stefan, lui frotta longuement les épaules.

« C'est par conscience, dit-il, et pour nous faire bien voir de Helga. Tu transpires à peine. Pourtant, le soleil est déjà chaud... Allez... La grande classe n'est pas loin. Demain, nous en serons sûrs... »

Pour Henckel, ce 400 mètres avait l'attrait et le sérieux d'une véritable épreuve, comme s'il s'agissait de la rentrée de Volker. Il fallait l'organiser, l'entourer d'une mise en scène qui le rendît plus ardu, proche de son déroulement traditionnel, obliger ainsi Stefan à dominer ses nerfs, son appréhension, à se réadapter entièrement.

« Nous irons au stade en fin d'après-midi. Vers quatre heures. En général, c'est à ce moment-là que se dispute le 400. Ça te changera un peu, mais c'est calculé. Paresse un peu demain matin, si ça te plaît. Sans exagérer. Je te masserai, puis Helga te préparera un déjeuner spécial... C'est-à-dire peu de choses : une purée, une pomme, un verre d'eau. La méthode te réussissait bien. Plus tu seras léger, souple, décontracté, mieux ça tournera.

— J'ai bien envie de mettre mes pointes neuves...

— La piste est ferme, ça mordra comme il faut. Et jusqu'à demain, si tu le peux, pense à autre chose... »

Personne n'avait encore assisté à l'entraînement matinal de Volker, mais Henckel espérait bien qu'il y aurait cette fois quelques garçons au stade de Klosburth. Que Stefan acceptât de bon ou de mauvais gré leur présence, ce serait en fin de compte une autre victoire. N'ayant rien perdu de ses qualités d'homme et d'athlète, il était temps qu'il retrouvât tout son aplomb. Nul doute, même, songeait Henckel, que ce petit public ne l'aide à se surpasser.

« Hier soir, j'ai regardé tes anciennes performances sur 400 mètres, dit-il à Stefan en quittant la maison. Trois entre

49 et 50 secondes. Deux à 48 secondes et quelques dixièmes. Et le meilleur, l'excellent, à Wüppertal, en 1943 : 47 secondes 4/10. Selon moi, sans te crever, tu devrais approcher les 51 secondes…

— Ce que je m'étais promis ! »

Comme ils arrivaient à Klosburth, Stefan ralentit soudain :

« Il y aura du monde, à cette heure-ci…

— Crois-tu ? Un jour de semaine ? Et quelle importance, après tout ? Des gosses, peut-être… »

Ils en croisèrent quelques-uns, appuyés à la barrière du stade, qui contemplaient des joueurs de football groupés à une extrémité de la pelouse. Un d'eux se retourna, parut intrigué par le survêtement de Volker, et, poussant son voisin du coude, avec un coup d'œil pour son propre bras, un autre vers celui de Stefan :

« T'as vu. dit ? T'as vu ? Il a qu'une main ! »

Henckel et Volker l'entendirent, sans broncher. Et montrant les joueurs d'un signe de tête, Volker dit aussitôt :

« S'ils jouent quand je courrai, et que le ballon…

— Quand tu courras, répondit Henckel, ils s'arrêteront, fais-moi confiance. Et sans que je le leur demande ! »

Volker se déshabilla, s'échauffa consciencieusement, allant et venant à faible allure, les jambes haut levées, les bras pendants, secouant sa main et son moignon pour relâcher les muscles.

« Je suis prêt, monsieur Henckel.

— Bon. Tu prendras ton départ agenouillé. Dommage que nous n'ayons pas de starting-block. De toute façon, avec ces pointes-là, tu dois démarrer sans dégâts. Les trois commandements. Pour le dernier, je claquerai les mains. D'accord ?

— D'accord.

— Comment vas-tu courir ?

— 24 secondes au premier 200, 26 secondes pour finir.

— Ça fait 50 secondes, ça. Et pas 51...

— J'aime mieux compter plus juste.

— Ne t'emballe pas. Je te conseille de dérouler au début, 27 secondes par exemple, et si tu as des réserves, si tu te trouves bien, tu pousseras dans la ligne droite... Vas-y. »

Volker tapota ses mollets, sautilla sur place une dernière fois, s'agenouilla, la main gauche touchant à peine le sol. Il craignit tout à coup que le manque d'appui du bras droit ne gâtât son départ en limitant sa force d'élan. Il leva les yeux vers Henckel.

« À vos marques ! »

Et toute sa confiance lui revint. Il se concentra, tendit déjà ses muscles, ne pensant plus qu'au cri qui allait suivre, et l'exalter.

« Prêt ! »

Il eut encore le temps d'inspirer longuement, de voir aussi à ras de terre, au bord de la pelouse, le ballon calé sous le pied d'un joueur immobile. La cendrée gicla derrière lui, hersée par ses pointes. Il assura tout de suite sa foulée, la développa le long du virage, penché vers la lice. Le balancement des bras s'accordait au rythme des jambes, les coudes frôlant les hanches, puissant, régulier, sans rudoyer les épaules.

Aux 200 mètres, Henckel regarda son chrono : 24 secondes.

« Têtu ! Il va souffrir. »

Volker sortit de la ligne droite. L'allure était toujours belle, aussi aisée. Il commença d'accélérer à l'entrée du dernier virage, secouant un peu la tête, tirant sur ses bras, raccourcissant sa foulée.

« Oh ! » fit Henckel.

Et il agita la main, instinctivement, pour l'inviter à ralentir. Volker vit le geste, se crispa davantage.

« Je tiendrai ! Je tiendrai ! »

Ses jambes s'alourdissaient. Il lui fallait les jeter devant lui à chaque mètre, s'aider des bras, du buste, de tout le corps. Et ne pas s'enlaidir, cependant. Ne pas donner à Henckel l'impression qu'il était à bout de forces, qu'il se vidait pour le convaincre ou l'étonner. Un mal l'assaillait, qui grandissait vite, étranglait sa poitrine, son cœur, le suffoquant peu à peu.

« Allez ! Allez, Stefan ! »

Henckel qui criait au bord de la piste... Les joueurs rassemblés autour de lui... La ligne d'arrivée... Tout cela si près, et qu'il avait tant de peine à atteindre... Il aspira une dernière fois, la bouche grande ouverte, défiguré.

« 49 secondes 4/10 ! 49 secondes 4/10 ! »

Henckel courait, zigzaguait derrière Volker qui se relâchait doucement, qui essayait de retrouver son souffle, et s'adossait enfin à la barrière, la main sur la poitrine.

« 49 secondes 4/10 ! lui cria encore Henckel en plein visage. Ç'a été dur, hein ? »

Volker remua la tête. Il haletait, tremblait un peu, souriait aussi.

« Menteur ! dit Henckel. Mais c'est beau quand même, c'est beau !

— Deux secondes de plus qu'à Wüppertal...

— Juste, oui ! Marche... Marche... Détends-toi. Nous parlerons après.

— Demain, j'essaierai sur 800.

— Bien sûr...

— Ça ira, vous verrez.

— Ça doit aller.

— Et vous me ferez rencontrer quelqu'un.

— Nous avons le temps !

— Pourquoi ? Puisque je me sens fort... Que je vous l'ai montré... Vous n'avez pas confiance ?

— J'ai confiance. Mais il faut encore travailler. Je veux que tout se passe bien. Que tu n'aies pas d'échec. Je veux que tu sois parfait, et pouvoir te le dire sincèrement. J'ai tort ?

— Même si je le pensais, monsieur Henckel… »

Et, haussant les épaules, il partit vers la pelouse en petites foulées.

Tandis qu'ils bavardaient, des enfants n'avaient cessé de les contempler, de l'autre côté de la barrière. Quand Volker se fut éloigné, l'un d'eux s'approcha de Henckel, qui le reconnut.

« Alors, dit Henckel en secouant le bras, ça ne l'empêche pas de foncer !

— C'est un vrai coureur, celui-là ?

— Tu parles !

— C'est comment, son nom ?

— Stefan Volker. Rappelle-toi. Bientôt, si tu as le droit de lire le journal, à la maison, tu verras que c'est un vrai coureur, comme tu dis. »

Le soir même, il écrivait au docteur Spinnrock pour lui apprendre le temps de Stefan. Une fois de plus il loua sa perspicacité, le remercia de ses conseils, et l'assura de son propre optimisme. « Nous sommes dans le bon chemin. S'il veut bien ne pas trop croire au miracle, mais un peu plus en moi, nous pouvons tout espérer… »

Auparavant, en revenant de Klosburth, il avait envoyé un télégramme à Voldemar, d'une concision dont il se réjouissait, et qui, se disait-il, lui gâterait son sommeil : « 49 secondes 4/10. Signé : Henckel. »

XII

En se levant, Helga avait été surprise d'apercevoir Julius dans le jardin. Il s'y promenait d'une allée à l'autre, arrachait une herbe, ramassait un caillou, s'arrêtait parfois et, les mains derrière le dos, rêvait ou réfléchissait.

« Vous vous reposez, ce matin ? lui cria-t-elle de la fenêtre. Pas d'entraînement ? »

Si absorbé qu'il fût, Henckel ne sut pas tout de suite d'où venait la voix. Il regarda vers la cuisine, découvrit enfin la tache claire du peignoir entre les arbres.

« Ah ! tu es là... Non. Pas d'entraînement. Du moins pour moi. »

Il avait son ton des mauvais jours, grognait plus qu'il ne parlait.

« Vous vous êtes disputés ?

— Si on te le demande... »

Puis, se reprenant, mais hurlant presque, les bras dressés :

« Oui, nous nous sommes disputés. Ça te suffit ?

— Non », dit-elle.

Et quand elle l'eut rejoint, avant même de déjeuner, elle l'attaqua sans paraître craindre sa colère, ses reparties vexantes.

« C'est sa faute, ou la tienne ?

— Quel toupet ! C'est ma faute, peut-être, s'il boude depuis huit jours, s'il s'est cru le plus fort, le plus malin de nous deux, si tout n'a pas marché comme lui seul l'imaginait ? Si au moindre coup dur le voilà retombé à zéro, prêt à tout envoyer au diable, la course à pied, lui-même, bien entendu, moi par-dessus tout, qui ai eu le tort de trop l'écouter et de manquer de poigne ?

— Qu'est-ce qu'il t'a dit ?

— À quoi bon ?

— Je mérite bien de savoir.

— Que je ne devais plus perdre mon temps, que je pouvais me dispenser de l'accompagner au stade, et que s'il y allait, lui, c'était pour prendre l'air, mais pas pour courir, sûrement pas !

— Il courra quand même.

— Ça ne changera rien. Parce qu'il ne sait plus courir, contrôler, penser ses efforts, et que sans moi il ne s'améliorera jamais. C'est d'autant plus bête qu'il a des moyens physiques extraordinaires, la même facilité de récupération qu'autrefois, davantage d'énergie peut-être, car il y mêle beaucoup de violence, de la hargne, une avidité de réussite qui sont un bien et un mal tout ensemble, mais qu'il aurait pu discipliner pour n'en tirer que le meilleur. Au lieu de cela...

— Vous étiez si contents, l'autre jour...

— Oh ! je me méfiais, sans qu'il y paraisse. Je me doutais qu'un si bon résultat, d'emblée, risquait de compliquer notre travail, qu'il nous apporterait en fin de compte plus de désagréments que de satisfactions. Stefan a pensé qu'il pouvait tout oser, qu'il n'avait plus rien à apprendre, qu'il allait m'étonner de plus en plus. Finis les conseils, la petite préparation méthodique, raisonnée, qui mène loin et dont il n'avait qu'à se féliciter. Ce que je lui prédisais est arrivé. Et j'en suis ravi, tu vois ! Autant que de ses 49 secondes 4/10 la semaine dernière.

— Tu en as l'air, en effet, dit Helga. Mon pauvre vieux ! Tu te décourages aussi vite que lui. À ta place, j'irais le retrouver au stade. Je ferais comme si rien de gênant ne s'était passé entre vous. Je serais calme, sans rancune, je le regarderais s'entraîner, et j'aurais un mot aimable après coup, même si rien n'y engage, même si ça demande un gros effort.

— Reconnais qu'il faut une sacrée patience...

— Je reconnais, Julius. Mais tu as tant fait de progrès ! Continue. C'est la bonne méthode, aussi. Raisonnable. Qui mène loin. Montre-lui l'exemple... »

Il croisa les bras, hocha la tête, contempla Helga tandis qu'elle se retenait de sourire.

« Toi, alors ! »

Et il partit pour Klosburth, bien heureux qu'on l'eût délivré de vains scrupules.

Quand il revint en compagnie de Stefan, peu avant le déjeuner, Helga comprit que tout allait mieux. Ce n'était pas encore la belle entente des mois précédents. Il manquait les conversations rituelles sur le travail accompli, sur l'entraînement futur, ces entretiens bien francs, les éclats de voix enthousiastes, les coups d'œil et les sourires complices qu'ils se renvoyaient tous deux en mangeant. Mais Stefan recommençait à chahuter Spitz, remuait plus que de coutume, semblait de nouveau chez lui.

« Eh bien ? demanda-t-elle, à l'insu de Stefan.

— Ça ira, répondit Henckel. Je me suis contenté de le regarder. D'abord à bonne distance, puis sans me cacher. Il mettait les bouchées doubles, l'animal. Il tournerait encore, je crois bien, si je ne lui avais pas crié de s'arrêter. Mais en me crevant, moi aussi. Au risque d'ameuter Klosburth !

— Il n'a rien dit ?

— Après une séance pareille, il n'avait plus grand souffle à gaspiller. Nous verrons demain...

— Oh ! je suis tranquille ! Il suffisait que tu fasses le premier pas. »

Plus tard, seule avec Stefan, Helga entreprit de le réconforter. Elle mentit un peu, persuadée cependant que c'était l'opinion de Henckel, et qu'il fallait bien, une fois encore, sauver son orgueil et son amour-propre.

« Il paraît que tu as fait des prouesses, ce matin ? Julius m'a dit que tu l'étonnais de plus en plus. Tel quel. Que tu ne craindrais personne l'année prochaine. Mais que tu avais besoin, peut-être, de te dominer. Justement parce que tu es trop plein de bonne volonté et de vigueur... Et qu'il faut organiser tout ça. Par exemple, dimanche, à Lofeden...

— J'ai couru comme un idiot, je le sais. M. Henckel m'avait expliqué ce que je devais faire, et puis...

— Tu as tout oublié...

— Je crois, oui. Alors j'ai eu honte, honte de ma défaite, de reconnaître mes erreurs...

— Et avec Julius, c'est la mauvaise tactique. Il aime tellement qu'on le flatte, ou plutôt qu'on lui donne raison, davantage quand il le mérite. Une autre fois...

— Oh ! madame Henckel, ça n'arrivera plus !

— Pourquoi ? Tu n'as pas envie de recourir ? »

Dressée de tout son corps, la tête levée vers lui qui la dépassait des épaules, elle l'interrogeait du regard, l'ayant fort bien deviné, mais simulant la surprise.

« Au contraire ! Seulement, je me défendrai mieux. »

Le lendemain de sa performance sur 400 mètres, Volker avait obtenu de Henckel qu'il le laissât courir un 800 contre le chrono. Bien que l'expérience l'eût habitué à considérer les espoirs des athlètes avec beaucoup de réserve, Henckel avait accepté, en dépit même de sa circonspection, de son scepticisme naturels, sans doute pour ne pas contrarier Stefan, mais aussi par curiosité.

Stefan partit trop vite, atteignit les 400 mètres en 52 secondes, aborda le second tour de piste en souffrant déjà, conscient de sa faute, et, quoi qu'il fît pour se racheter, se traîna dans la ligne droite. Déçu lui aussi, Henckel n'osait lui annoncer son temps. Mais Stefan insistait :

« Plus de 2 minutes, largement ? N'ayez pas peur… Je me suis bien vu.

— 1 minute 59 secondes.

— Combien au deuxième 400 ?

— 1 minute 7 secondes… Et 37 secondes pour les deux cents derniers mètres. Je n'ai pas besoin de mieux t'expliquer…

— J'aurais dû freiner au départ, quitte à passer aux 400 à la minute, et pousser à la fin, à ma mesure…

— Il me semble, si j'ai bonne mémoire…

— Vous n'êtes pas à ma place, monsieur Henckel ! Avant et pendant la course, c'est bien différent. Et, pour l'instant, je pense à autre chose qu'à calculer.

— Ça reviendra.

— En tout cas, je recommencerai bientôt.

— Quand je te ferai signe. »

L'après-midi, assis sous un arbre au fond du jardin, Volker lut dans le journal qu'on organisait une réunion d'athlétisme le dimanche suivant, à Lofeden. Henckel somnolait dans un fauteuil de la salle à manger, et Volker n'attendit pas qu'il eût fini sa sieste.

« Lofeden, ce n'est pas très loin ?

— Non, dit Henckel, éberlué. Et alors ?

— Il y a une réunion, dimanche. Je veux faire le 800.

— Tu veux !

— Avec des adversaires, je me sentirai mieux que ce matin. Plus prudent. Je suivrai. Je me réserverai. J'étudierai ma course. Et je vous promets que je serai bien. D'abord je ne vais pas tomber sur des champions. Regardez les noms, monsieur Henckel. Secker... Halmich... Nacke... Rapelmann... Vous les connaissez ?

— Pas plus que toi.

— Ça n'ira pas vite. Aux alentours de deux minutes. Je dois gagner facilement, en ne faisant pas de bêtises.

— J'ai quand même peur que tu n'en fasses.

— Puisque je vous assure...

— Ne t'énerve pas. Maintenant, laisse-moi terminer mon somme. Toi, va t'allonger, et dors une heure, si tu le peux. Ça ne te fera pas de mal.

— Je courrai ?

— Nous avons trois jours pour réfléchir. »

Et comme il le voyait malheureux, comme il craignait aussi qu'il ne se tourmentât davantage avec cette réponse plus ou moins franche :

« Après tout, ça te remettra dans le bain. Mais, gagnant ou perdant, j'espère que tu seras assez intelligent pour bien te conduire ensuite. Et si tu disputais le 400, plutôt ?

— Non, monsieur Henckel. Ma course, celle que j'aime vraiment, c'est le 800, vous le savez.

— Autrement dit, je n'ai plus droit à la parole. Je propose timidement, tu grimaces, je m'incline. Me voilà devenu un drôle d'entraîneur, bon Dieu ! Et de nous deux, c'est bien moi qui ai le plus changé. Mais ne ris pas, Volker. Je me reprendrai à temps, je te reprendrai du même coup, plus tôt que tu ne le crois, et ça nous profitera à l'un et à l'autre. »

Jusqu'à la fin de la semaine, Stefan travailla sans forcer, en tâchant cependant d'améliorer sa résistance et sa vitesse en bout de course, qualités qui avaient tant fait pour sa renommée. Le samedi, Stefan ne courut pas. Il se promena dans la forêt, fit des exercices d'assouplissement. La nuit il y eut un orage. En se levant, Henckel regarda le ciel encore nuageux, tâta le sol.

« Mauvais ! dit-il à Volker. Je n'ai jamais vu la piste de Lofeden, mais je présume qu'après une pareille sauce on pourrait y repiquer tout ce qu'on veut, et sans compter y retrouver grand-chose. Ce n'est pas fini ! Regarde ce qui se prépare au-dessus des collines. Vous allez patauger, tirer la langue, ne rien faire de bon...

— Ça ne m'empêchera pas de gagner. »

Il s'agissait d'une modeste compétition régionale. Quelques participants, coureurs et lanceurs, avaient disputé les épreuves de sélection des championnats d'Allemagne, deux mois auparavant, sans toutefois se qualifier. Le stade était coquet, remis à neuf depuis la guerre, une bombe ayant défoncé la piste en bordure des tribunes. Henckel et Volker vinrent le visiter dès leur arrivée à Lofeden, en fin de matinée.

« Tu te méfieras, dit Henckel. La piste est courte. Trois cents mètres au maximum. Plus de virages que de lignes droites. Difficile pour se dégager, surtout si les camarades ne sont pas très réguliers. Et c'est bien ce que je pensais : une éponge... »

Il restait à avertir les organisateurs.

« Vous auriez dû écrire, dit Stefan.

— Ne t'inquiète pas. Hormis avec toi, j'ai toujours autant d'influence à Cassel. Et un concurrent de plus, pour eux, ça ne se refuse pas. Alors, Sporn ou Volker ?

— Sporn. Individuel.

— Et si l'on te reconnaît ?

— Il y a si longtemps ! Il faudrait une sacrée mémoire pour me retrouver derrière ce visage-là. Vous-même, vous n'étiez pas si sûr de ne pas vous tromper, à Munich ?

— Allons donc ! »

Le 800 mètres eut lieu au début de l'après-midi. Tandis que Stefan s'échauffait en trottant sur un terrain annexe, avec d'autres athlètes, Henckel était venu le conseiller une dernière fois.

« Rien à craindre, en principe. Je me suis renseigné. Cinq hommes inscrits. Le meilleur : Rapelmann. Un petit brun, maigre comme un clou. Il a fait 1 minute 58 secondes chez lui, à Ulm. Ce n'est pas brillant. Mais il est jeune, dix-neuf ans, et l'on ne sait jamais. Les autres, tous à plus de 2 minutes. Laisse mener, même si tu as la corde au départ, même si tu te sens des envies de te faire remarquer. Intercale-toi en troisième position. Jusqu'aux 600 mètres, c'est-à-dire deux tours complets. 100 mètres après la cloche, si ça marche, ce que j'espère, tu te lanceras, et sans regarder derrière toi. L'important, aujourd'hui, c'est de gagner, non de faire un temps. Ton massage de ce matin, suffisant ?

— Oui, monsieur Henckel.

— Pas le trac ?

— Je ne l'ai jamais eu.

— C'est vrai. Mais je pensais qu'après une si longue interruption... D'être là, de nouveau, sur un stade, parmi des concurrents, avec cette petite foule qui s'impatiente et remue beaucoup... De faire ta rentrée, en somme. Tant mieux ! »

Des coureurs passaient autour d'eux, en foulées lentes, regardaient Volker, son visage balafré, la manche de son survêtement, piétinaient, rebroussaient chemin pour l'observer sans discrétion.

« Non, je n'ai pas le trac, monsieur Henckel. J'oublie même que je suis amputé, vous voyez. Et si je l'avais, j'en viendrais à bout comme du reste. »

Henckel suivit la course à l'écart, loin des officiels, redoutant une rencontre, des questions qui l'eussent gêné. Seul au bord de la pelouse, à bonne distance des tribunes, immobile, les bras croisés, il attendit qu'on annonçât l'épreuve, ne quittant point des yeux Volker qui se relâchait et courait en rond près de la ligne de départ. Le coup de pistolet le libéra en même temps que les coureurs. Le doigt sur son chronomètre, il commença de tourner sur place, surveillant Stefan, lui imposant mentalement sa tactique, ayant jugé ses adversaires dès les premières foulées.

« Ne bouge pas ! Tu es bien ! Déroule ! Déroule ! »

Volker l'avait écouté. En troisième position, collé à Rapelmann, il ne forçait pas, courait avec aisance, détendu, semblant se soucier avant tout de son allure, de l'harmonie de ses mouvements. Puis Rapelmann prit la tête, accéléra.

« Reste où tu es ! » dit Henckel à haute voix.

Mais, déjà, Volker avait rejoint Rapelmann. Il le dépassait, se rabattait sèchement à la corde, allongeait les jambles.

« Bon Dieu ! cria Henckel en se rapprochant de la piste. Et Rapelmann qui revient, qui ne se laisse pas faire ! »

Il ne pensait plus aux temps intermédiaires. Quand il voulut regarder son chrono, le speaker le devança :

« Les 400 mètres en 55 secondes, par Sporn.

– Et après ! Et après ! dit Henckel, furieux. S'il avait l'idée de couper son effort, seulement ! Pousse, imbécile, pousse ! Tu vas voir ! »

Rapelmann suivait, s'accrochait plutôt, les poings serrés, la tête penchée, précipitant la cadence de ses petites jambes derrière l'ample foulée de Volker, et Henckel avait l'intuition qu'il tiendrait, que c'était là un garçon énergique, rageur, capable de lutter jusqu'à la ligne, et de trouver encore le coup de reins nécessaire pour se ruer sur le fil.

À la cloche, aux 300 derniers mètres, Stefan se retourna en se déséquilibrant un peu.

« Tu es fait ! dit Henckel. Bats-toi, au moins ! »

Comme s'il avait entendu, Volker s'élança de nouveau, retrouva son rythme, toute sa souplesse, accentuant le ballant de ses bras, les jambes encore légères.

Rapelmann perdit un mètre, deux mètres, et Henckel s'arrêta net sur la pelouse. Il s'était trompé ! Rapelmann craquait, malgré sa hargne. Pas assez de puissance. Foulée trop mince, trop rapide. Et désordonné, gaspillant ses forces. Volker l'avait écœuré par son train, par sa facilité, son audace enfin... Non ! Sprintant dans l'avant-dernier virage, secouant les coudes, secouant la tête, Rapelmann rattrapait Volker. Et l'attaquait ! Volker tentait de résister, mais en se déhanchant à son tour, alourdi tout à coup, regardant l'homme surgi à sa droite qui cherchait à le déborder et le tassait vers la pelouse.

« Rapelmann ! Rapelmann ! »

Henckel faillit crier, lui aussi. Il courut au-devant de Volker, et baissé sur la piste, exorbité, martelant le vide de son gros poing :

« Respire ! Respire ! »

Volker tourna les yeux. À peine. Et Henckel vit qu'il n'y avait plus rien à dire, rien à espérer. À trois mètres de l'arrivée, Rapelmann doubla Volker, jeta ses bras, son torse, sa tête en avant comme s'il s'effondrait sur la ligne, trébucha même, mais un dirigeant, peut-être son entraîneur, l'étreignait déjà, le soutenait en lorgnant son chronomètre dans sa main libre.

« 1 minute 55 secondes 2/10 ! criait-il à Rapelmann. 1 minute 55 secondes 2/10 ! Ton record, Ludwig ! »

Volker s'était éloigné vers un coin de la pelouse. Il marchait à droite et à gauche, crachait de temps en temps. Henckel hésitait à le rejoindre, craignant de ne pas se dominer. Il regarda une fois de plus son chrono, grogna, le remit dans sa poche, et, relevant les yeux, aperçut des gens autour de

Volker. Des officiels… Rapelmann lui-même, son entraîneur… Alors il s'élança, maugréant encore, et, bousculant tout le monde, prit Volker par le bras.

« Va te rhabiller… Et essuie-toi bien.

— Il nous a fait une belle course, le jeune homme ! »

Henckel se retourna. C'était l'entraîneur de Rapelmann, la main offerte, tout sourire.

« Une course qui vous arrange, hein ? dit Henckel en le toisant, sans répondre à son invite. Comme lièvre, on ne peut demander mieux ! Mais votre champion en restera là, parole d'honneur ! »

Sa colère ne le lâchait pas. Et quand, sur le chemin des vestiaires, entendant annoncer son temps au micro, Stefan lui adressa un coup d'œil satisfait, il le rabroua bel et bien.

« Je me fous de tes 1 minute 56 secondes ! Ce qui m'intéressait, c'est de te voir gagner. Et suivre mes conseils !

— Quand même ! Trois secondes sur la dernière fois ! Vous n'êtes jamais content…

— Tu l'es, toi ! Après t'être laissé rouler par ce Rapelmann de rien du tout, tordu, laid comme un crabe ! Et qui se croit le plus fort, maintenant. Qui a battu son record grâce à toi, alors que tu pouvais le sonner au moment voulu, l'abandonner sur place en démarrant à cent cinquante mètres de la ligne, avec toutes tes réserves, et lui en mettre une vingtaine dans le museau ! Il t'en faut peu, mon garçon ! »

Ils ne s'étaient pas parlé durant une semaine, hormis au cours de l'entraînement où Henckel indiquait le programme à Stefan, du bout des lèvres, se gardant bien de le reprendre et de le critiquer, conscient de sa mauvaise humeur, de son manque de zèle. Puis, quand leur fâcherie ne tint plus, quand Stefan eut prouvé, par le travail intensif qu'il s'imposait sans contrainte, sa volonté de réussir, Henckel se sentit un peu coupable. Il se reprocha son emportement, sa brutalité à Lofeden.

« Je n'y ai pas pensé, l'autre jour, dit-il, mais, en y réfléchissant, tes 1 minute 56 secondes sur cette piste molle, dans la gadoue, ça valait bien 1 minute 54 secondes…

— Peut-être, dit Stefan avec prudence.

— Et si j'ai bonne mémoire, c'est ce que tu te promettais de faire avant la fin de la saison ?

— Oui, monsieur Henckel.

— Toutes mes excuses, alors ! Et tous mes compliments.

— Nous ne sommes qu'au début d'octobre, dit Stefan. Je les confirmerai bientôt, vous verrez.

— Ce n'est pas utile. Tu as besoin de te reposer. Nous allons passer à d'autres exercices durant l'automne et une grande partie de l'hiver. Et l'année prochaine, tu confirmeras à ton aise. J'ai idée que tu feras des merveilles.

— Moi aussi ! »

Il avait crié cela avec une telle fougue qu'il eut honte et craignit que Henckel, se rappelant ses fautes, ne le jugeât mal. Baissant la tête :

« Je ne vous ai pas toujours obéi, dit-il. J'ai eu l'air, souvent, de me moquer de vos conseils. Ce n'est pas vrai, monsieur Henckel. Je savais très bien que vous aviez raison. Je me jurais de vous écouter. Mais une fois sur la piste, quelque chose de plus fort que moi m'empêchait de me ménager, de courir intelligemment. Il fallait que je fonce, que j'aille tout de suite au bout de mes moyens. J'avais hâte de voir ce dont j'étais encore capable, hâte de me retrouver moi-même, de rattraper le temps perdu d'un seul coup. Tout bouillait en moi, me jetait en avant. Je ne me commandais plus.

— Je comprends », dit Henckel.

Pour son dernier entraînement au stade de Klosburth, Stefan voulut néanmoins courir un 800 mètres. Il le demanda si timidement, mais avec tant d'espérance que Henckel n'osa lui refuser. Et ce fut pour tous les deux la récompense, un moment de béatitude comme ils n'en avaient peut-être jamais connu lors de leurs grandes victoires. Sans même penser à lui apprendre son temps, soulevé d'une exaltation dont il avait conscience, mais qu'il ne cherchait pas à contenir, Henckel bondit, agrippa Stefan par son maillot, faillit le renverser sur la pelouse et s'effondrer avec lui, l'embrassa, tapotant son dos, ses épaules, sentant battre son cœur malmené, son souffle bruyant contre sa tempe. Exténué, Volker respirait mal, étouffait, ne se dégageait pas, cependant, se doutant qu'il venait de réussir quelque chose d'exceptionnel qui méritait encore un peu de souffrance, un sursaut de volonté.

« C'était bon ? »

Henckel se recula brusquement.

« Si c'était bon ? La meilleure performance depuis la guerre, Stefan ! 1 minute 52 secondes ! »

Et regardant son chronomètre, la main à demi fermée, à l'abri du soleil :

« Je ne me suis pas trompé ! Oh ! non ! 1 minute 52 secondes ! Tu peux être fier de toi !

— J'étais bien, dit Volker. J'avançais facilement. J'ai poussé un peu...

— 1 minute 52 secondes ! dit encore Henckel. Tout seul, tu t'imagines ! »

Et c'est alors qu'il aperçut le capitaine américain qui les contemplait, arrêté derrière eux au milieu de la piste.

« J'ai même 1 minute 51 seconde 4/10, dit le capitaine en allemand. Il est vrai que j'étais mal placé à l'arrivée. Et qu'avec ma montre... »

Il vint vers Henckel, le salua.

« Erwin Fairley… Nous nous connaissons déjà. Du moins, je me souviens très bien de vous. Et de votre chien qui me plaisait fort.

— En effet, dit Henckel, sans entrain.

— Chaque matin, quand je passe en voiture devant le stade, je vous regarde toujours quelques instants, vous et ce jeune garçon, sans toutefois oser vous déranger. Aujourd'hui la tentation a été trop grande. J'ai vu ce 800 de bout en bout, l'ai chronométré même… »

Puis, s'adressant à Volker qui l'écoutait, immobile :

« Allez mettre votre survêtement, et faites quelques foulées. Ne refroidissez pas vos muscles. Ce serait dommage… »

Il attendit qu'il se fût éloigné, et à Henckel qui ne savait quoi faire, quoi dire, mais s'impatientait :

« Blessure de guerre ?

— Bien sûr ! dit Henckel, violemment.

— Beaucoup de mérite, dit Fairley sans paraître remarquer le ton rogue. En plus d'une classe étonnante ! Ce garçon a dû être un grand coureur ?

— Et il l'est encore !

— Son nom ne m'est pas inconnu, j'en suis certain. Et si vous consentiez… »

Henckel lui tourna le dos carrément, observa Stefan en train de se détendre non loin d'eux, puis, faisant volte-face, et hargneux plus que jamais :

« Stefan Volker ! Mais je doute qu'en Amérique, à cette époque…

— Stefan Volker, répéta Fairley, en l'interrompant. Que vous considériez comme le vainqueur possible de Rudolf Harbig. 1 minute 50 secondes… En 42 ou 43… »

Et se refusant à jouir de la surprise de Henckel :

« Cessons de tricher, dit-il en souriant. Monsieur...

— Henckel.

— Monsieur Henckel, avant de venir en Allemagne, à Klosburth exactement, je m'occupais aussi d'athlétisme. J'ai été pendant cinq années entraîneur au collège d'Abilène, dans le Texas... C'est pourquoi je me suis permis de vous interpeller et de me mêler de ce qui, au fond, me regardait un peu... Pas de rancune ?

— Nullement ! dit Henckel. Mais sur le coup, en toute franchise...

— Je m'y préparais, pour n'avoir pas oublié votre premier accueil, ni celui de votre chien. Comment le nommez-vous, déjà ?

— Spitz.

— Spitz ! Une bête admirable ! En un mot, monsieur Henckel, vous avez un goût très sûr dans tous les domaines. Tenez. Puisque j'ai eu la chance d'assister à cette belle course de Volker, laissez-moi vous faire plaisir à mon tour. Et peut-être vous aider. Marchons un peu, voulez-vous... »

Puis, appelant Stefan d'un geste amical :

« Cela l'intéresse aussi, vous verrez. »

Stefan les rejoignit, et Fairley l'examina longuement de la tête aux pieds, comme s'il cherchait à estimer l'homme et l'athlète, tout ensemble.

« Fatigué ?

— Non, monsieur.

— Il n'est jamais fatigué, dit Henckel. Il récupère avec une aisance qui m'a toujours surpris. Nous avons recommencé à travailler depuis quatre mois, à une rude cadence, après des années de repos forcé, et je ne pense pas qu'il s'en plaigne ou qu'il ait ressenti, un jour ou l'autre, la moindre lassitude physique. Un peu de dépit, plutôt, de ne pouvoir mettre les bouchées doubles, à son gré…

— Quelles sont vos ambitions, Volker ? À combien espérez-vous descendre sur 800 mètres ? »

Volker eut un curieux regard vers Henckel. Il s'étonnait qu'on l'appelât par son nom, qu'on l'interrogeât avec autant de liberté, que Henckel, surtout, y consentît.

« Le capitaine Fairley est entraîneur en Amérique…

— Difficile de répondre. Refaire d'abord mon meilleur temps… 1 minute 50 secondes à peu près. Approcher le record de Harbig, bien sûr. 1 minute 49 secondes… 1 minute 48 secondes… Je ne sais pas…

— Mieux que l'Anglais Wooderson, par exemple, et que John Woodruff chez nous, aux États-Unis. La deuxième performance mondiale ! Joli programme ! Jolie tâche aussi. Je ne dis pas que vous échouerez, Volker. Je ne dis pas non plus que vous réussirez. Mais il faut essayer, sans aucun doute. Seulement, à courir contre le chronomètre, et contre soi-même, si vaillant qu'on puisse être, on atteint vite ses limites. N'est-ce pas, monsieur Henckel ? Il aura besoin de rencontrer des hommes de sa valeur, pour réapprendre à lutter, à s'employer à fond. Avez-vous actuellement en Allemagne des garçons capables de lui donner la réplique ? De courir un 800 en 1 minute 50 secondes, 1 minute 49 secondes régulièrement ?

— Non.

— Et je suppose que vous ne lancerez Volker dans les compétitions internationales, lorsque votre pays n'en sera plus à l'écart, bientôt, croyez-moi, qu'à coup sûr, avec toutes vos chances, afin de vous épargner, disons des ennuis de prestige et d'amour-propre. Une rentrée sportive, quelle qu'elle soit, est toujours délicate…

— Exactement, dit Henckel qui trouvait Fairley perspicace et de plus en plus sympathique.

— Eh bien, j'ai quelqu'un à vous offrir, monsieur Henckel, et à vous aussi Volker, quelqu'un que vous devez connaître de réputation, et qui ralliera Klosburth dans deux semaines. Gibson...

— Dave Gibson ? Le Noir ?

— Lui-même. Vingt ans. Deux années de course à pied. Records personnels : 47 secondes 2/10 au 400, 1 minute 49 secondes au 800. Trois courses cette saison en moins de 1 minute 50 secondes. Au physique : indescriptible. Plus grand que vous, Volker. Un mètre quatre-vingt-douze. Soixante-dix kilos. Des muscles par tout le corps. Et quels muscles ! Rappelez-vous Jesse Owens. Moins puissant, certes, mais aussi beau à contempler. Hormis cela, ayant constamment l'air de dormir, de se traîner, à bout de forces. Sauf sur la piste, bien entendu. Un bon garçon. Prenant tout avec un même sourire, les victoires et les défaites – bien rares –, la vie militaire, le soleil et la pluie... Un peu trop désinvolte, à mon goût. Un peu trop décontracté. Voilà le phénomène. »

Ils s'étaient arrêtés tous les trois devant la barrière du stade, à proximité de la route.

« Il s'entraînera ici ? demanda Volker. Sur cette piste ?

— Autant qu'il le voudra. Autant que je le voudrai, plutôt, car je compte bien le garder près de moi, à Klosburth, durant son séjour en Allemagne. Et son emploi du temps, au bureau d'état-major, lui laissera des loisirs, je vous le promets. Le voulez-vous, monsieur Henckel ?

— La maison lui est ouverte ! À vous aussi, bien sûr. Une question : A-t-il l'habitude de s'entraîner l'hiver ? De courir en forêt ? Est-ce que la culture physique ne va pas le rebuter, par hasard ? C'est que j'ai des méthodes bien à moi... Qui ont payé, d'ailleurs ! Mais chaque individu a son tempérament, des aptitudes particulières. J'ai peur que...

— Je vous donne rendez-vous dans deux semaines, dit Fairley. Je conduirai le garçon chez vous à Mielberg. Je me souviens de l'endroit. À la sortie du bourg... Le jardin. Les arbres... Et Spitz ! Vous lui demanderez son avis. Mais je doute qu'il parle allemand. Ou qu'il le comprenne, tout au moins...

— Oh ! dit Henckel, nous nous entendrons bien quand même ! »

Stefan venait de franchir la barrière, en un ciseau parfait. Fairley le regarda de nouveau.

« Un rude bonhomme, dit-il à voix basse. Et une sacrée volonté ! »

Lorsqu'en le quittant Henckel voulut le remercier, et qu'il le vit hésiter, cherchant ses mots, Fairley eut pitié de sa maladresse.

« Ce n'est pas tout à fait désintéressé, monsieur Henckel, dit-il en souriant. Ils s'aideront l'un l'autre, et Dave Gibson y trouvera son compte, lui aussi. Le record de Harbig est bien tentant ! Et bien vieux ! 1 minute 46 secondes... 1939... Gibson fera peut-être 1 minute 45 secondes, l'année prochaine... Grâce à Volker... »

XIII

« Un Nègre ! » dit Helga.

Elle avait porté la main à ses lèvres et les pressait, d'un geste coutumier, toutes les fois que quelque chose la stupéfiait, comme pour se retenir d'exprimer inconsidérément sa pensée, comme si elle regrettait, même, ce mot lâché soudain, bien qu'il ne témoignât ni peur ni aversion.

« Un Nègre, oui ! dit Henckel. Et alors ? Il en est passé plus d'un sur les routes, plus d'un devant ta porte. Tu en as vu, que diable !

— Pas de si près, Julius ! Tu veux qu'il soit ici comme chez lui… Tu veux qu'il mange avec nous… Quoi, d'abord ? Se nourrit-il à notre façon, au moins ?

— Naturellement !

— Et qu'allons-nous nous dire, puisque nous ne nous comprendrons pas, Nous le regarderons comme une curiosité…

— Voilà ! Nous le regarderons ! Il paraît qu'il est superbe. Qu'on ne se lasse pas de le contempler. Et puis, les Noirs ont besoin de peu de chose pour se sentir heureux. Ils chantent… Ils rient… Ils courent vite, plus vite que les autres, et ça les amuse beaucoup. À ta place, je serais fière d'avoir à ma table un champion pareil !

— Stefan est content, lui ?

— Tu parles ! C'est comme si, il y a quelques années, Harbig l'avait prié de venir à Dresde pour s'entraîner en sa compagnie.

C'est l'élève, si tu veux, qui va rencontrer le maître. Inespéré, Helga ! Plus de problème ! Parce qu'il était temps qu'on varie le travail, qu'on mette quelqu'un de solide à ses côtés. Et devant lui, pour l'exciter un peu. Bien sûr, Voldemar m'aurait prêté Schildern deux ou trois semaines, cet hiver et au printemps. Mais Gibson, c'est autre chose que Schildern !

— Ça le distraira, surtout. Il ne voit jamais personne. Toujours seul... Pas de camarades... Pas d'autre plaisir que la course... Ils s'entendront bien, peut-être. As-tu pensé à cela, aussi ?

— Quelle question, Helga ! »

Henckel attendit Gibson avec une impatience d'enfant. La venue de Voldemar et de sa femme l'enchanta, malgré son désappointement de ne pouvoir, à la seconde même, exhiber le champion américain et confondre Friedrich une fois de plus. Il l'étonna davantage en lui apprenant la performance de Volker.

« Et Schildern, dit Voldemar, qui, en deux ans, a fait 1 minute 53 secondes avec bien du mal ! Il est vrai qu'il se sent plus à l'aise sur 1 500 mètres... Qu'il se sentait, plutôt...

— Oui, dit Henckel, mais d'un ton neutre, sans triompher. J'ai lu ses résultats, cette saison... Il n'a jamais confirmé son temps d'Augsbourg.

— Et il ne le confirmera jamais, à moins d'un miracle. Ça ne tourne pas très rond. Il s'est mis dans la tête de jouer au handball, le jeune Schildern ! Malgré ma défense ! Si j'avais ta poigne, Julius, ou la chance de tomber sur des garçons comme Stefan, qui savent ce qu'ils veulent et n'en démordent pas ! Au fond, tu n'as eu que des réussites. Moi, si je compte bien... »

Il paraissait vraiment affecté par cet échec, et Henckel s'apitoya. Il comprenait maintenant que Voldemar avait espéré racheter une carrière pas trop faste, et pourtant longue, que c'était là, peut-être, la dernière tentative, qu'il traînerait jusqu'au bout de sa vie ses ambitions ratées, des reproches inutiles...

« Tout n'est pas perdu, Friedrich. Il s'agit... »

Mais Voldemar ne lui donna pas le temps de mentir. La pitié ne lui convenait guère.

« J'aurai quand même servi à quelque chose. La victoire de Volker, ta victoire, Julius, c'est un peu la mienne, aussi. J'ai bien fait de t'envoyer à Munich. J'ai bien fait de te parler d'Altmeyer, de te montrer le chemin, de te pousser malgré tes grimaces et tes coups de gueule. J'ai bien fait d'alerter Spinnrock. De me mêler de ce qui te regardait, paraît-il. Je n'arrive à rien moi-même, d'accord. Je me trompe. Je patauge. Mais je sauve ce qu'il peut y avoir de pas trop mauvais en moi, que je gâcherais tout seul, en en faisant profiter les autres. Je suis de bon conseil, je vois clair, je persévère à ma façon. Ce n'est pas si mal... »

Ils bavardaient, assis sur le perron. Helga et Paula Voldemar préparaient le dîner. Stefan venait de les quitter pour aller chercher le pain au bourg. Quand il rentra et grimpa les marches, Voldemar lui attrapa la jambe au passage.

« Il va falloir demander une licence, choisir un club, et, l'année prochaine, participer aux réunions officielles...

— Il n'est pas pressé, dit Henckel. Ne l'ennuie pas avec ça.

— Ce serait dommage, pourtant, et stupide, qu'il n'y ait trace nulle part de ses résultats. Il a couru un 800 en 1 minute 52 secondes. Très bien. C'est la meilleure performance d'Allemagne depuis la guerre. Parfait. Admirable. Moi, je te crois. Je vous crois tous les deux. Mais si j'en parle aux amis, à Fulda ou ailleurs, on me rira au nez. Les temps réussis à l'entraînement ne convainquent jamais personne...

— Tu n'as pas à en parler, Friedrich. Je sortirai Stefan au moment voulu, quand je le jugerai bon, et, ce jour-là, il n'y aura pas d'équivoque, pas de contestation, rassure-toi. Ses temps, sur 400 ou 800 mètres, mériteront vraiment l'homologation. On reverra Volker tel qu'il était, mieux qu'il était. Ça fera du bruit, Voldemar, pas seulement en Allemagne, et c'est un petit coup de théâtre dont je ne serai pas mécontent. »

Il regarda Stefan, lui fit un clin d'œil.

« Encore un peu de patience ! On approche.

— Je le sais, monsieur Henckel. Et j'espère bien, en début de saison, avec Gibson, vous épater, vous aussi.

— Non, dit Henckel, ça ne m'épatera pas. En attendant, laisse le pain tranquille. Pas tellement pour Helga, qui a des principes, et va te faire les gros yeux, mais parce que la mie ne te vaut rien...

— Où comptes-tu l'affilier ? demanda Voldemar quand il fut parti. À Cassel, je suppose ?

— C'est ça ! Pour retomber sur la vieille bande de saboteurs, Hagenstolz en tête, et recommencer à discuter dans le vide, à les voir se bouffer les uns les autres, à. me ronger les nerfs, à risquer l'apoplexie à chaque séance...

— Si ce n'est que pour Hagenstolz, rien à craindre. Il ne vient plus souvent à Cassel. Il est à Berlin depuis trois mois, et il semble qu'on pense à lui comme président du comité de sélection.

— Bonne nouvelle, Friedrich ! Voilà qui nous promet de fameuses déculottées pour les futurs matches internationaux. Hagenstolz sélectionneur. Ça, alors ! »

Il s'était levé. Les bras croisés haut sur la poitrine, il se dandinait, suffoqué, écarlate, secouait la tête et les épaules, accablant Voldemar de toute sa morgue, comme si ce fût lui l'artisan de la manœuvre ou son bénéficiaire.

« Une raison de plus pour prendre tes précautions, Julius. Seul, tu te heurteras à toutes les difficultés, tu n'auras jamais gain de cause, quoi que tu dises, quoi que tu fasses, même si l'évidence et la logique sont de ton côté. On t'oubliera, volontairement ou non. Chacun jouera de ses influences, chacun se poussera, d'une façon plus ou moins propre, et quand il s'agira de Volker pour un meeting important, un déplacement à l'étranger, on trouvera toujours un moyen de l'écarter, de vous laisser tous les deux aux vestiaires.

— Tu me connais, Friedrich. Quand je veux quelque chose, et que je suis dans mon droit, on ne me marche pas facilement sur les pieds. Ça plie ou ça casse.

— Ça casse, surtout. Et c'est bien ce qu'il faut éviter. Tu as trop confiance en toi, Julius.

— J'ai confiance en Stefan, aussi. Et j'aimerais bien voir qu'on nous refuse quoi que ce soit le jour où il fera les meilleurs temps européens et que tout le monde tirera la langue derrière lui. J'aurai la presse, le public, les gens honnêtes et intelligents avec moi. Hagenstolz et ses petits copains s'inclineront. Ils viendront nous chercher, Volker et son entraîneur, ici, à domicile, et avec tant de courbettes qu'ils auront encore besoin de mes conseils, après, pour soigner leurs lumbagos ! »

Il aperçut alors, arrêtée en haut des marches, Paula Voldemar qui souriait avec beaucoup de malice.

« Oui, madame ! dit Henckel, afin sans doute de prévenir une réplique qui ne l'épargnerait point. C'est ainsi !

— Oh ! je ne vous contrarierai pas ! Je me demande seulement qui vous guérira jamais de votre humilité. De plus en plus modeste, Julius ! Si Stefan est un jour champion ou recordman de quelque chose...

— Tais-toi donc, dit Voldemar. Tu vas le fâcher.

— Le fâcher ? Mais il l'est en permanence, le pauvre homme ! Il criait si fort que nous ne nous entendions plus, Helga et moi. Dans un tel paradis ! Alors que tout est calme, agréable, apaisant ! »

Henckel la lorgnait, la tête un peu penchée, serrant les lèvres.

« Mais vous n'êtes pas poète, Julius ?

— Pas du tout !

— Eh bien, tâchez de le devenir un peu pour votre Noir. Lui doit l'être, j'imagine. Comme ses semblables. Vous allez l'effrayer, sans cela. Et il court si vite ! »

Voldemar et sa femme repartirent le lendemain, malgré les protestations de Helga navrée de perdre une confidente, quelqu'un qui l'égayait, avec qui l'on pouvait bavarder de tant de choses et sans qu'il fût jamais question d'athlétisme, malgré la rouerie de Julius, ses efforts pour allécher Friedrich et le retenir.

Et Dave Gibson arriva le soir même en compagnie de Fairley. Henckel était dans la cuisine, enroulant des bouts de ficelle qui lui servaient à lier les plants à leurs supports. Au bruit de la voiture freinée brutalement, il jeta sa pelote sur la table, se leva avec une telle promptitude que Helga, loin de penser aux Américains, imagina la pire catastrophe.

« Les voilà ! »

Et, sans même un coup d'œil vers la rue, il bondit à leur rencontre.

« Tu es en manches de chemise ! cria Helga. Mets ta veste, Julius ! »

Il revint, mais pour appeler Spitz qui grondait, tiré de son sommeil, et le lancer au galop dans le jardin, afin de combler le capitaine.

« Content de vous revoir, dit Fairley. Précis, n'est-ce pas ? Gibson a débarqué de l'avion ce matin, et sa première sortie est pour vous. »

Henckel tendit la main à Gibson, voulut lui adresser un mot d'accueil, se souvint qu'il ne comprenait pas l'allemand, et comme Gibson riait en lui secouant le bras, il crut bon de rire avec lui.

« Pour vous simplifier la tâche, dit Fairley qui s'amusait fort, je lui ai tout expliqué. Qui était Volker, votre but à tous les deux, ce qu'on attendait de lui. Et qu'il avait aussi quelques chances, en travaillant avec vous, d'être au mieux de sa forme dès le printemps. Le programme lui convient, pour toutes ces raisons, sans qu'il soit permis de penser que l'une l'emporte sur l'autre. Je le sais cependant assez sentimental, et il se peut que je reste seul à ne pas donner l'exemple du désintéressement.

— C'est votre droit, dit Henckel, bien qu'il fût près de croire à une boutade et qu'il s'interrogeât sur la sincérité de Fairley. La fraternité sportive est une belle chose, mais la rivalité a plus de saveur. Je ne suis pas un saint, moi non plus, monsieur Fairley. Ma femme vous dira que je suis très égoïste. Davantage quand il s'agit de faire triompher mes méthodes, et surtout les garçons qui ont accepté de me suivre. Votre geste me touche beaucoup. Je ne sais si j'aurais fait de même à votre place. En tout cas, je n'aurais pas sacrifié l'essentiel.

— Voilà qui m'absout, dit Fairley. Et notre franchise nous sauvera de l'enfer, vous verrez ! »

Gibson regardait à droite et à gauche, passait d'un pied sur l'autre, observait le chien aplati dans l'allée, risquait quelques grimaces, écoutait parfois la conversation avec une attitude, des mines, des sourires qui prêtaient à l'équivoque. Il guetta les derniers mots du capitaine pour oser une question, et Fairley traduisit.

« Où est le coureur ? demande Gibson.

— Dans sa chambre, dit Henckel. En train de lire, je pense... »

Et, se retournant vers la maison, il aperçut Volker à la fenêtre.

« Tenez ! » dit-il à Gibson avec un geste du bras.

Gibson leva le bras, lui aussi, pour saluer Volker, Fairley l'imita, Stefan répondit, et Helga, étonnée de ce manège, rabattit vivement les rideaux de la cuisine, de crainte qu'on ne la remarquât. D'avance intimidée, elle se refusait à les rejoindre, bien qu'une grande curiosité lui fît trouver ces préséances insupportables. Elle avait préparé la salle à manger, disposé des verres, épousseté une fois de plus les meubles. Et elle attendait, troublée, s'exagérant les soucis de cette visite. D'autres officiers étaient venus, au début de l'occupation, qu'elle avait accueillis simplement, sans froideur, sans condescendance non plus, qui ne s'attardaient guère et ne compliquaient pas ses devoirs d'hôtesse. Aujourd'hui, tout était différent. Il s'agissait d'un invité classique, d'un homme auquel Julius semblait accorder sa considération, son estime, et Dieu sait qu'il en était avare ! Qui le méritait, sans doute, puisqu'il s'intéressait à Stefan, délibérément, offrant son aide et sa sympathie. Il fallait donc ne décevoir personne. Julius principalement. Et même ce grand Noir qu'elle avait examiné de loin tout à son aise, qui se balançait maintenant devant elle, immense, plus sombre qu'elle ne l'imaginait, qui éclatait de rire en la saluant avec une inclination comique de tout le corps, une sorte de révérence lente et tourmentée comme un exercice d'assouplissement.

Mais elle oublia bientôt sa gêne ou ses inquiétudes. Fairley et Dave Gibson la conquirent d'emblée, à tel point qu'entre deux portes elle s'empressa de confier ses impressions à Henckel. Le capitaine lui plaisait par sa désinvolture mesurée, sa façon de s'exprimer, directe, sincère, dans un allemand choisi, surtout parce qu'il était à l'égard de Stefan d'une gentillesse mêlée de respect et d'admiration qui l'émouvait beaucoup. Quant à Gibson :

« Il est si drôle, Julius ! Je ne peux m'empêcher de le regarder. Ce n'est pas correct, mais comment faire ? Même Stefan qui rit avec lui ! Pour rien, sans savoir... Et quel bon garçon ce doit être ! »

Il l'était. Sans efforts. Avec une discrétion, une intelligence qui allaient lui valoir toute l'amitié de Helga, qui n'échapperaient pas non plus à Henckel pourtant enclin à ne considérer que ses qualités physiques.

Volker, dès leur rencontre au seuil de la salle à manger, alors qu'il descendait de sa chambre, déconcerté par l'imminence de cette curieuse entrevue, avait banni son appréhension, rendant cordialement à Gibson sa claque sur l'épaule. Puis, tandis qu'à l'écart Fairley s'entretenait avec Henckel, répondant surtout aux questions qu'on ne lui ménageait pas : « Irez-vous aux Jeux de Londres, l'année prochaine ? Comment entraînez-vous vos coureurs, en Amérique ? Qu'est devenu Thorpe, le décathlonien ? Et Metcalfe ? Et Jesse Owens dont vous parliez l'autre jour ? Et votre fameux lanceur de poids, Torrance, que Woellke a battu, à Berlin, en 36, à la grande joie d'Adolf Hitler ? », Stefan et Dave Gibson, assis face à face, s'étaient observés franchement, sans trop d'embarras, tâchant de sympathiser en dépit de leur mutisme, tentant même de le rompre, chacun dans sa langue. Ils essayaient avant tout de s'évaluer mutuellement, sous un autre aspect, hors de ce cadre, en tenue de course, souhaitant ensemble pouvoir bientôt mieux se découvrir.

« Sur 800, il me bat de quatre secondes ! pensait Volker. Il est rudement beau, en effet. Sûrement très souple, très décontracté. Avec une foulée terrible, plus longue que la mienne... Il faudra que je m'accroche... »

Cependant que Gibson, regardant le bras de Volker à la dérobée, doutait qu'on pût quand même si bien courir.

Sur l'invitation de Henckel, désireux de prolonger une conversation qui le passionnait, Fairley accepta de dîner, et Helga ne se demanda plus si Gibson bouderait ou non sa cuisine. En revanche, s'inquiétant toujours du bien-être des uns et des autres, elle redoubla d'attentions envers lui, craignant qu'il ne se lassât d'ignorer leurs propos. Fairley, d'ailleurs, partageant ses scrupules, lui traduisait quelques phrases, des questions de Henckel ou de Volker, et Helga eut une autre raison de se réjouir. Henckel lui-même finit par se soucier de Gibson. Après le repas, il alla chercher un album où voisinaient les photos de sport et les portraits de famille, puis, l'ouvrant devant Gibson, en entreprit l'inventaire, commentant chaque image dans un baragouin d'allemand et d'anglais dont il était seul à ne pas sourire.

« Ici, madame. Là, moi. Henckel... Ça, Volker. Premier. Grande course ! À Stuttgart. Là, Harbig... Rudolf Harbig... Grand champion ! Mort... La guerre... Comprenez ? »

Et Stefan, qui n'avait jamais revu ces souvenirs, regardait avec curiosité, s'impatientant toutes les fois que Henckel tardait à tourner les pages.

Lorsque Fairley prit congé, rien n'avait été dit au sujet de l'entraînement de Gibson.

« Quand me le prêtez-vous ? demanda Henckel, hardiment.

— À votre convenance. Demain si vous le voulez. Soit que je le ferai conduire en jeep...

— Mauvais principe, monsieur Fairley, dit Henckel. Qu'il vienne à pied, en se promenant. Klosburth n'est pas si loin !

Pour ma part, je proscris la voiture le plus possible. On s'affaisse, on s'engourdit, on perd de son influx, on répugne petit à petit au moindre effort, et la course s'en ressent, croyez-moi. Et nous avons une si jolie campagne, un air tellement sain, le plus pur d'Allemagne, peut-être ! Volker et moi, nous faisions le trajet deux fois chaque jour, exprès pour nous détendre. Pour nous reposer, voilà le mot ! »

Fairley observait Gibson du coin de l'œil.

« Excellente idée ! Mais j'ai bien peur pour vos horaires, vos plans de travail et votre patience. Je connais mon homme ! S'il se met à admirer le paysage ! »

Henckel se retint de dire qu'il y avait une chambre disponible, un bon lit, une table assez vaste, et qu'après tout, si rien ne s'y opposait...

« Comment comptez-vous procéder ? demanda Fairley. Quel est votre programme jusqu'au début de l'hiver, par exemple ? Pas un entraînement quotidien, en tout cas !

— Presque ! Et durant tout l'hiver ! C'est le secret de ma préparation. Six mois d'un travail bien conçu, sous bois, en pleine nature le plus souvent, sur piste si le temps le permet, doivent amener Gibson et Volker au mieux de leur condition et de leurs possibilités dès les premiers jours d'avril. Et je ne parle pas des divertissements accessoires ! Culture physique, assouplissement, haltères...

— Et vous ne craignez pas qu'un pareil régime ne finisse par dégoûter de l'athlétisme ?

— Les garçons que j'ai eus avec moi ont toujours su ce qu'ils voulaient. Et ils le voulaient bien ! »

Il sembla que Fairley, démonté par tant de foi, une autorité si vigoureuse, n'eût rien à répondre. Ils se regardèrent. Henckel sérieux et tendu, Fairley souriant, ironique.

« Gibson, lui aussi, sait ce qu'il veut, dit-il. Un ou deux records du monde. Mais pas au détriment d'un mode de vie qui lui est naturel et le contente. Vous auriez quelque mérite à lui changer sa philosophie. »

Dave Gibson fut pourtant d'une docilité touchante. Comme subjugué par Henckel, dont l'abord, la brusquerie l'intimidaient, ou résolu à tout accepter puisqu'on l'avait jugé digne d'une mission si particulière, il s'était soumis avec jovialité, agrémentant les courses à travers bois selon son inspiration, sautant les taillis, se balançant aux branches, dansant, chantant à tue-tête, à la grande joie de Stefan, et sans que Henckel, surpris, puis amusé, crût bon d'intervenir. Travaillant ou se relâchant, il éprouvait toujours le besoin de rire, d'un rire si spontané, si généreux, qu'on ne pouvait s'en irriter. Il arriva même que Volker et Henckel durent lutter ferme pour ne pas céder à sa manie toutes les fois que Gibson, tournant vers l'un ou l'autre son long visage étonné, la bouche ouverte comme s'il disposait enfin d'un peu de vocabulaire, trouvait plus simple de s'esclaffer.

« J'ai hâte de le voir sur la piste, disait Henckel. Il court détendu, c'est sûr. Mais je me demande bien s'il se permet encore de rigoler dans un 800 en 1 minute 49 secondes. »

Le lendemain de sa visite avec Fairley, il avait fait une entrée enthousiaste, brandissant un dictionnaire et deux manuels de conversation.

« Bravo ! » lui dit Henckel.

Et à Stefan :

« Il compte sur toi pour lui donner la réplique. Tâche qu'il progresse vite. Nous aurons moins l'air idiot tous les trois. Et je saurai peut-être ce qu'il pense, de lui et de nous. »

À défaut de dispositions, Gibson montra beaucoup de bonne volonté. Sans doute étudiait-il consciencieusement ses manuels, à Klosburth, en cherchant quelques conseils auprès du capitaine Fairley. Toutes les fois qu'il arrivait chez Henckel, avant même de souhaiter le bonjour, il se libérait d'une suite de mots inattendus, de bouts de phrases inusuelles, avec tant de fierté, une application si drôle, que Helga riait après coup aussi fort que lui. Il emportait partout ses livres, les compulsait sans cesse. À l'entraînement même, alors qu'il courait côte à côte avec Stefan, il s'arrêtait soudain, tirait l'un ou l'autre de son survêtement, et revenait à toute allure pour poser une question puérile à l'usage des garçons de café ou des touristes sur un quai de gare.

Il avait fini cependant par comprendre les indications de travail, et Henckel se félicitait qu'il n'eût plus à obéir comme un robot, à fonder ses moindres gestes sur ceux de Stefan, à s'élancer derrière lui en aveugle, toujours avec un temps de retard.

« 3 000, Dave. Pas vite... »

Machinalement, Henckel levait encore trois doigts sous le nez de Gibson.

« Oui, 3 000. Très bon ! »

Et Gibson partait, cette fois le premier, en secouant ses grands bras.

Helga s'aperçut bientôt à quel point Volker se transformait. Cette présence insolite, bruyante, qui aurait pu le heurter, tant elle s'opposait à la misanthropie qu'il s'était plu à entretenir, comme si sa mutilation le rendait indigne de toute vie sociale, le sauvait au contraire. Il ne pensait plus à dérober son regard, son visage à la sympathie de ceux qui l'entouraient. Il parlait sans retenue, chantonnait parfois des bribes de negro-spirituals que rabâchait Gibson. Souvent, Helga les guettait de la fenêtre, au retour de l'entraînement. Elle les voyait chahuter derrière Julius, se bousculer comme des gamins, se lancer mutuellement leur sac, esquisser des sprints vers un but imprévu, un arbre, une borne sur laquelle Gibson se plantait en statue de la Liberté, la porte du jardin où ils se ruaient exprès de front pour pouvoir se faire des politesses. Marchant à côté de Volker, Gibson avait pris l'habitude de passer le bras coupé sur ses épaules, et ils déambulaient ainsi, serrés l'un contre l'autre, Gibson agrippé à la manche du survêtement, sans que Volker s'en offusquât.

« Il a bien changé, disait Helga à Julius. On le croirait presque heureux, maintenant.

— Presque ? Il l'est, voilà tout ! Et s'il avait la bonne idée de garder ce moral-là jusqu'à la saison prochaine, je te promets qu'il descendrait vite en dessous de 1 minute 50 secondes. Parce que le moral, pour un coureur...

— Je sais, je sais, Julius ! »

Un jour de novembre, le docteur Spinnrock vint à Mielberg. Il avait revu Volker à plusieurs reprises, au cours de l'été, constatant toutes les fois une amélioration du rythme cardiaque.

« Le cœur s'éduque comme n'importe quel autre muscle, disait-il. Ma théorie n'était pas si bête, et en voici la preuve. »

De nouveau la forme physique de Stefan le stupéfia. Il avait trouvé Dave Gibson remarquable, extraordinairement doué, mais il ne cacha pas sa préférence.

« Les tests sont en faveur de Stefan, dit-il à Henckel. Je sais qu'il est prudent de ne pas s'emballer en ce genre de choses, et que certains individus font tout pour contrarier nos pronostics et nous ridiculiser. Néanmoins, la régularité physiologique de Volker est exceptionnelle. Sa tension n'a jamais été si bonne, son pouls si ralenti. 41, 42 au repos, à cette période de l'année c'est assez surprenant.

— Eh non ! dit Henckel. Il travaille dur, autant que cet été. Question de méthode, pas plus. Et la mienne a toujours payé.

— D'accord, Henckel. Mais il pourrait, tout au moins, montrer un peu de fatigue, ou de lassitude. Une baisse d'influx nerveux. Ne pas échapper au surmenage, comme beaucoup d'autres. Non ! Et c'est là où je le sens supérieur à Gibson. Le Noir ne donnera sa pleine mesure qu'au milieu de la saison, en juin ou en juillet par exemple, alors que Volker est fort capable d'un exploit dès le printemps, à sa première tentative, pour peu que les conditions atmosphériques lui conviennent. Entre nous, Gibson n'est pas encore habitué à votre régime, Henckel, et s'il tient le coup et continue de juger ça drôle, en apparence, c'est bien pour vous faire plaisir. Je le crois plus apte à roupiller du matin au soir qu'à courir les bois trois ou quatre fois par semaine.

— Y a-t-il un risque ?

— Pas spécialement. C'est un garçon jeune, tout neuf, solide, il me semble. Il est probable, même, que cet entraînement poussé aura plus tard d'excellentes conséquences. En revanche, vous risquez, vous, qu'il vous laisse tomber un de ces jours, en vous disant carrément pourquoi. Dans sa langue maternelle, heureusement ! »

Spinnrock eût aimé voir courir ensemble Volker et Gibson pour confronter les styles et parachever ses examens. Henckel lui avait dit à son arrivée :

« Nous ne sommes pas allés au stade de Klosburth depuis longtemps. C'est l'occasion. Cet après-midi, je les ferai trotter un peu si la piste est praticable. Sinon, sur la pelouse. »

Ils durent y renoncer tant il plut. Stefan eût accepté de faire une courte démonstration. Selon une autre règle de Henckel, il était accoutumé à s'entraîner par tous les temps, sans en souffrir. Mais il y avait Gibson, et sa répugnance pour l'inconfort.

« Pas de quoi se désoler, dit Spinnrock à Henckel qui ne cessait de lever la tête. J'aurai d'autres chances de les admirer tous les deux, et sans penser à les ennuyer avec mes contrôles ! »

À table, il avait observé discrètement Stefan et remarqué l'heureuse évolution psychologique. Plus du tout agressif, maussade, hostile aux questions. Plaisantant même. Un changement si total, si réconfortant que Spinnrock en fut bouleversé. Peut-être était-il possible, désormais, de l'aider davantage, d'envisager une autre rééducation... Il le prit à part, lui frotta les cheveux d'une caresse bourrue, puis, empoignant le bras mutilé au-dessus du coude :

« Maintenant, il faut penser à cela, Stefan. Si tu le veux, je m'occuperai dès demain de te trouver quelque chose dont tu t'accommoderas facilement. Il existe des prothèses d'une grande perfection, commandées par les muscles du bras, et si bien réalisées qu'elles tromperaient les gens avertis. Tu ne garderais pas ton appareil pour courir, bien entendu...

— Je vous remercie, docteur, dit Volker, doucement. Je préfère ne rien avoir. À présent, tout va bien... J'ai fait beaucoup de progrès de ce côté-là aussi. Je ne suis pas trop emprunté avec ma main gauche. Ni avec mon moignon... Je me débrouille toujours seul...

— Je t'ai vu, je t'ai vu ! C'est très bien... Mais...

— Non, docteur. Je suis arrivé à oublier mon amputation. Je ne veux pas y penser de nouveau, malgré moi, sentir des courroies, du métal, je ne sais quoi sur ma chair, traîner toute ma vie un morceau de membre qui ne m'aura jamais appartenu, celui-là, qui ne m'aura été d'aucun secours quand il le fallait, quand j'ai commencé à vouloir m'éprouver. Je sais que j'ai raison.

— C'est vrai, dit Spinnrock, tu as raison. »

Quelques jours avant la nouvelle année, le facteur remit à Henckel deux cartes sous enveloppes adressées à Stefan.

« Je reconnais les écritures, dit Henckel à Helga. Une est de Voldemar, l'autre du docteur. Bon Dieu, ça va l'étonner ! Il doit y avoir longtemps qu'il n'a rien reçu de personne. Depuis la guerre, je parie !

— Appelle-le.

— Non. On les posera près de son assiette, et l'on tâchera de trouver ça tout naturel.

— Tu t'en crois capable ?

— J'essaierai. »

Stefan regarda les enveloppes sans y toucher. « Monsieur Stefan Volker, chez Monsieur Henckel... » Il leva les yeux vers Julius, vers Helga qui se contemplaient, avança la main. « Monsieur Stefan Volker... » Il était étonné, en effet. Il en tremblait. Et l'enveloppe coincée sous son bras, il ne parvenait pas à la déchirer.

« Donne...

— Laisse-le donc », dit Helga.

Elle ne voyait plus clair. Elle ôta ses lunettes, s'essuya les joues.

« Celle-là, c'est de M. Voldemar, dit Stefan. Il me souhaite d'être champion d'Allemagne. De réussir tout ce que je veux...

— Bien sûr que tu réussiras, dit Henckel. Bien sûr... »

Il s'attendrissait, lui aussi.

« Sacré Friedrich ! Et l'autre ?

— Du docteur Spinnrock. "Bonne et grande année, Stefan Volker... Que tout s'accomplisse. Pour ta joie et la mienne..."

— Eh bien, dit Henckel, si tu ne te sens pas en pleine forme, avec ça ! Et prêt à tout casser ! »

Stefan prenait et reposait les cartes l'une après l'autre.

« À quoi penses-tu ? dit Henckel. À tes prochaines victoires ?

— Oui, mais trois mois, encore, avant de recourir, c'est bien long, monsieur Henckel. »

Il avait redoublé d'ardeur les semaines suivantes, seul ou en compagnie de Gibson que ce rythme d'entraînement écœurait un peu, sans toutefois qu'il se plaignît ou laissât l'impression d'être au bout de son zèle.

« Spinnrock s'est trompé, se disait Henckel. Dave tient le coup, et pas uniquement pour me faire plaisir. Il a de l'amour-propre, beaucoup de résistance, et peut-être confiance en moi. »

En revanche, devant l'impétuosité de Volker et sa parfaite condition, il partageait l'opinion du docteur Spinnrock. Et quand, après quelques séances sur piste, à Klosburth, Erwin Fairley voulut que Gibson et Volker se mesurassent sur 400 mètres :

« D'accord, dit Henckel. Mais attendez-vous à tout !

— À la défaite de Gibson, par exemple ? Trop optimiste, monsieur Henckel. Et si vous aimez parier...

— Tout ce que vous demanderez !

— Votre chien ?

— Quand même pas ! »

Gibson battit Stefan de très peu. 47 secondes 4/10 pour 47 secondes 8/10. Mais la performance de Stefan, à 4/10 de son record personnel, consola Henckel de sa méprise. Il en oubliait de féliciter Gibson dont l'allure et la facilité l'avaient ébloui tout au long de la course. Fairley lui-même était stupéfait de ces résultats en début de saison.

« Mon cher Henckel. dit-il, soudain plus familier, vous êtes un maître. Nous allons au triomphe tous les quatre ! Car je ne vous lâcherai pas d'une semelle. Ces garçons-là nous réservent des spectacles, ici ou ailleurs, que je ne veux pas manquer pour tout l'or du monde. »

Huit jours plus tard, Henckel devait, lui, manquer un entraînement pour la première fois, et connaître la plus belle déception de sa carrière. Il était parti précipitamment pour Augsbourg, où l'appelait une affaire de notariat. À peine rentré, alors qu'il racontait l'entrevue à Helga, Gibson et Volker se ruèrent dans le couloir, poussèrent ensemble la porte de la cuisine, et Stefan hurla :

« 1 minute 49 secondes 2/10 ! Ça y est, monsieur Henckel ! Ça y est !

— Hein ?

— Nous avons couru un 800, Dave et moi. Il m'a battu d'un mètre, mais, moi, j'ai battu mon record ! 1 minute 49 secondes 2/10 à peu près ! »

Il était à bout de souffle, haletant, et Gibson, derrière lui, le visage brillant de sueur, tendait le bras vers Henckel, montrant sa montre sans pouvoir parler.

« Et deux kilomètres en plus ! Depuis Klosburth ! Tellement j'avais hâte de vous annoncer ça ! »

Henckel les examinait tour à tour, si éberlué qu'il en paraissait furieux.

« C'est Dave qui a pris les temps ?

— Oui…

— En courant ? J'ai bien peur que…

— Mais de toute façon, monsieur Henckel, il n'aurait pu qu'appuyer trop tard… Une fois la ligne franchie. Donc nous désavantager. Comprenez-vous ?

— Bien sûr ! » dit Helga.

Henckel lui lança un coup d'œil sans douceur.

« Le capitaine Fairley n'était pas là, je pense ?

— Non. Dommage…

— Pourquoi dommage ? dit Henckel, de plus en plus nerveux.

— Parce que j'ai bien cru battre Dave dans les dix derniers mètres. Quel type ! Quel type ! Plus fort que Harbig, peut-être ! »

Il se tourna vers Gibson qui riait, le doigt toujours sur sa montre. Et tous deux se regardèrent avec un tel plaisir, une telle admiration réciproques, qu'on eût dit qu'ils allaient tomber l'un contre l'autre et s'embrasser.

XIV

Stefan Volker qui fut, il y a quelques années, le meilleur spécialiste allemand sur 800 mètres après Rudolf Harbig – 1' 50" 2 à Stuttgart en 1943 – avait été porté disparu au cours des derniers combats en Prusse-Orientale. Nous venons d'apprendre avec une grande joie que Stefan Volker est vivant. Bien que grièvement blessé, il a recommencé de courir sous la direction du célèbre Julius Henckel qui avait, lui aussi, cessé toute activité depuis la fin de la guerre. Sur la piste de Klosburth, où il s'entraîne avec le champion américain Dave Gibson, actuellement militaire, Stefan Volker aurait réalisé 47" 4 sur 400 mètres et 1' 49" 2 sur 800 mètres ! Quoique ces renseignements nous parviennent de source autorisée, il nous paraît difficile de croire à l'authenticité de ces performances, extraordinaires sur le plan européen. Nous les publions sous toute réserve, avant de nous rendre auprès de Stefan Volker et de son entraîneur pour nous informer sur cette rentrée sensationnelle qui risque fort, d'ores et déjà, de bouleverser les milieux de l'athlétisme.

Henckel s'apprêtait à relire l'article une fois de plus, mais Fairley l'arrêta.

« Allons, monsieur Henckel, ils s'en sont bien tirés. Il faut se mettre à leur place. Toute source autorisée que je suis – et je les remercie de cette estime – il y avait de quoi se montrer sceptique !

— Ce n'est pas ce qui me gêne ! Au contraire ! Je n'aurai que plus de plaisir à leur clouer le bec quand ils le voudront.

Volker aussi, je suppose. Seulement, imaginez un peu la flopée de journalistes, de photographes, de dirigeants, d'importuns de toute sorte qui vont nous tomber sur le dos d'un instant à l'autre ! Je ne sais si vous vous en accommoderez, monsieur Fairley. Pour ma part, je ne suis guère patient. Je n'aime pas beaucoup qu'on me tournaille dans les jambes, qu'on cherche à me faire dire des âneries par tous les moyens, et j'ai bien peur d'y gagner tout de suite quelques ennemis de plus. Ma renommée, à ce sujet, valait ma réputation d'entraîneur. J'ai toujours passé pour un butor auprès de ces messieurs. À la vérité, je me fiche bien de leur opinion. Je n'hésiterais pas, aujourd'hui encore, à leur exprimer carrément ma façon de penser. Mais il y a Volker, à qui je n'ai pas le droit de causer le moindre tort. Et puis, sauront-ils se conduire avec lui ? Il ne faut quand même pas qu'ils le regardent comme une bête curieuse, que son amputation soit le prétexte à des simagrées, à des minauderies, à des questions stupides. Il est encore si prêt à se vexer quand on l'aborde de la mauvaise façon, qu'un mot de travers, une réflexion maladroite auraient tôt fait de le démolir.

— Je vous comprends très bien, dit Fairley. Nous tâcherons donc qu'ils comprennent, eux aussi, même si leur dignité est en péril. Comptez sur moi. »

Bien que Voldemar l'eût plusieurs fois relancé, Henckel s'était peu soucié de ses conseils. Il savait cependant qu'il lui faudrait un jour ou l'autre tirer Volker de l'incognito, révéler ses faits et gestes à la presse, reprendre contact avec la fédération d'athlétisme, recommencer en somme à se plier aux servitudes de leurs carrières réciproques. Mais, voulant à tout prix que la rentrée de Volker fût un triomphe, dont il aurait, en outre, réglé les effets, il se refusait à toute décision brusquée qui risquât de leur porter préjudice.

« Tu es fou ! lui avait dit Voldemar. Qu'attends-tu pour le sortir ? Qu'il batte le record de Harbig à l'entraînement ? Ça ne te suffit pas qu'il ait réussi 1 minute 49 secondes 2/10, un temps que trois ou quatre coureurs à peine, dans le monde, ont atteint ou dépassé ? Et dans d'autres conditions ! En pleine bagarre avec une demi-douzaine de concurrents à la hauteur, aidés par des lièvres qui étaient des champions, eux aussi, ou parce que l'enjeu valait bien qu'ils se défoncent ce jour-là. Après tout, que tu t'étrangles ou non, je vais me charger moi-même de faire à Stefan la publicité qu'il mérite. Il y a trop longtemps que la langue me démange ! Trop longtemps que je crève d'être au courant de tout et de ne pouvoir en faire profiter quelques-uns, parmi ceux qui s'en réjouiraient sans arrière-pensée...

— Dieu t'en garde ! répondit Henckel. Ou bien c'est toi que j'étranglerai. Tu as ta manière de voir, j'ai la mienne. Je ne veux pas, pour Stefan et pour moi, la plus petite chance de ridicule. Un échec au départ, en public, devant toute la bande d'hypocrites aux aguets, et Stefan ne s'en relèverait pas. Entre nous, je n'étais pas là pour les chronométrer, ces 1 minute 49 secondes 2/10 ! Comme par hasard ! Et quand bien même je n'aurais pas à en douter, ça ne m'empêcherait pas d'exiger autre chose. Qu'il soit régulier, par exemple, capable, comme Gibson, de courir tous ses 800 mètres en dessous de 1 minute 50 secondes. Bravo pour l'exploit, la performance inattendue ! Mais je lui demande avant tout d'être sûr de lui, de savoir tout vaincre, le trac, les fautes de tactique, et ses adversaires, naturellement, si rien de logique ne s'y oppose.

— Et Volker est de ton avis ? Patient jusqu'à l'absurde ? Jamais tenté d'agir à sa guise une bonne fois ?

— Non, Friedrich. Plus maintenant. Et c'est bien pour cela qu'il peut tout espérer. »

À son tour, Erwin Fairley se mêla de raisonner Henckel. Il usa des mêmes arguments que Voldemar, parla d'intervenir de son propre chef, et sans doute avait-il plus d'influence, sans doute était-il malaisé de soutenir son ton, son regard ironiques, un peu provocants, puisque très vite Henckel consentit à lui laisser toute initiative.

« Vous aimez Volker, dit Fairley. Non seulement parce qu'il est un coureur de classe et qu'il vous donne d'excellents motifs d'être fier de votre métier, de vos méthodes de travail. Vous l'aimez comme quelqu'un de votre famille, comme s'il était votre fils, tout simplement. D'habitude, quand un garçon a obtenu de bons résultats au collège, quand il a réussi brillamment ses examens, on le récompense, n'est-ce pas ? Volker a surmonté toutes les difficultés. Il a fait preuve d'une énergie sans pareille. Il continue, car il a beaucoup d'ambition, et peut-être parce qu'il est de ceux qui ont besoin, pour se satisfaire, de ne pas fixer de limites à leur tâche. Il ne réclame rien, cependant. Il est discret, humble, soumis, croirait-on. Mais je suis sûr qu'il attend de vous quelque chose qui le comblerait, qui ajouterait, si c'était toutefois possible, à son désir de se surpasser... Les athlètes, comme les bons élèves, ont leur tableau d'honneur, monsieur Henckel. Je regarde, dans les journaux spécialisés, la liste des performances établies chaque semaine en Allemagne. Des performances bien modestes, puisque d'autres préoccupations vous accaparaient jusqu'ici. Et je bous toutes les fois de ne pas voir le nom de Volker en tête du 800 mètres, bien avant Ulzheimer, Lieschke, Ordemann et d'autres sur qui l'on fonde tant d'espoirs... »

Stefan lut l'article qu'on lui consacrait, et sa surprise, son émotion ôtèrent à Henckel ses derniers regrets. Penché derrière lui, relisant les lignes qu'il connaissait par cœur, Henckel sentait l'épaule de Stefan trembler sous sa main. Il fit un clin d'œil à Fairley.

« C'est vrai, pensait-il. Il fallait ça. Le voilà certain d'exister de nouveau, d'avoir retrouvé la place qu'il n'aurait jamais dû perdre. Sporn est loin ! »

Fairley répondit à son clin d'œil, prit une cigarette, l'alluma posément, et les mains enfouies dans les poches de son battle-dress, d'une voix qui fit sursauter Stefan :

« Je crois, Volker, qu'il ne vous reste plus qu'à confirmer tout cela. Pour m'épargner d'être jugé, disons comme un fumiste... Ces gens-là veulent des preuves. Il faut les leur donner le plus tôt possible. C'est votre intention, je parie ?

— Bien sûr. Je n'ai jamais été aussi impatient de courir. Je me sens capable de battre Dave, un jour...

— Pourquoi pas !

— Non, dit Stefan en riant. Ça, c'est au-dessus de mes forces. Quoi que je fasse, il s'arrangera pour garder assez de réserves et me passer dans les derniers mètres... Pas méchamment ! Parce que ça l'amuse de me voir m'employer à fond, et que c'est encore me jouer une bonne farce en ne me laissant pas gagner. Même si j'en ai une fameuse envie...

— Il suffirait pourtant de peu de chose, dit Henckel. Que tu améliores ta vitesse finale, par exemple. C'est toujours au sprint qu'il te bat. Jamais il n'est parvenu à te lâcher au train, bien qu'il ait souvent essayé, et pour te taquiner, encore. Je suis même sûr que tu le posséderas de cette façon. En l'écœurant. Tu as plus de puissance, un rythme plus efficace. En tout cas, sous ses petits airs farfelus, Dave Gibson est un malin. Qui sait mener sa course intelligemment. Lui, au moins, retient ce qu'on lui dit. Que le 800 comporte trois périodes dont il vaut mieux, si l'on n'est pas un surhomme, faire sa règle habituelle. L'as-tu observé ? Il se place. Il se relâche pour voir venir et préparer le sprint. Il démarre enfin. Et toujours au bon endroit. Exact, monsieur Fairley ?

— Exact ! Mais je me demande s'il ne pourrait pas tout se permettre, tant il a de moyens naturels, le sens et le goût de la course... Je m'attends à ce qu'il parte un jour, tout comme Volker qui raffole de cette tactique, dès le coup de pistolet, à un train stupéfiant, pour passer au 400 mètres en 52 secondes et terminer à la même allure sans que personne ait jamais eu le courage ou le réflexe de s'accrocher à sa foulée... Le mois prochain, peut-être... À l'occasion du meeting international de Berlin...

— D'où tenez-vous ça ? dit Henckel. Un meeting international chez nous ? En Allemagne ? Première nouvelle !

— Pour moi également. Reprenez le journal, monsieur Henckel. En dessous de notre article... Deuxième colonne...

— Eh bien, s'écria Henckel, voilà quelque chose digne de Volker, non ? C'est la rentrée que je lui souhaitais depuis longtemps ! Fairley, si Gibson et mon champion surtout ne font pas de merveilles ce jour-là, je vous abandonne ce que j'ai de plus cher !

— Spitz ?

— Peut-être !

— Tant pis pour moi ! » dit Fairley.

Journalistes et photographes arrivèrent dès le lendemain à Klosburth, puis à Mielberg. D'accord avec Stefan, Henckel ne voulut pas qu'ils pussent se montrer trop indiscrets ou trop entreprenants. À certains, il raconta que Volker souffrait toujours d'une commotion, qu'il s'exprimait difficilement, et qu'une interview ne serait guère charitable. Ceux-là s'inclinèrent, un peu déçus, non sans avoir longuement tarabusté Henckel à sa place. Il accepta de renseigner les moins exigeants, et sur les questions pertinentes. Mais, en dépit de son assurance et de son sérieux, la plupart des journalistes le quittaient en haussant les épaules, persuadés de s'être laissé duper.

« Comment s'entraîne Volker ? Combien de fois par semaine ?

— Deux heures chaque jour, hiver comme été. Plus encore s'il le désire ou si je le juge utile.

— Quelles sont ses limites ?

— Le record du monde. Pour l'instant. »

Il se reprocha son attitude après coup, redoutant qu'on n'attribuât ses paroles à Volker, qu'on n'y vît une sotte prétention, un souci d'étonner le public coûte que coûte, en s'autorisant de son infirmité. Il en rattrapa quelques-uns, promit de leur présenter Volker le jour suivant, sur la piste de Klosburth.

« Il y aura Dave Gibson. Ce qui vous paiera de votre patience. Et de mon accueil, sans doute. Comprenez-moi, messieurs... Volker a besoin de se réaccoutumer à tout ce protocole... Dans son intérêt, je me dois d'être prudent... »

Fairley se réjouit de la conversation. Outre qu'il ne lui déplût pas d'exhiber Gibson, il avait fini par juger Henckel un peu trop brutal, et par s'apitoyer sur ces gens venus de si loin pour ne rien faire d'un travail qui leur tenait au cœur.

Ils furent une dizaine, au stade, à guetter l'arrivée de Stefan, et, lorsqu'il apparut sur la route, à se ruer à sa rencontre, bien que Henckel les rappelât, de la voix et du geste, à la modération.

« Cinq minutes, pas plus. Dépêchez-vous de prendre vos photos. Et pas de poses extravagantes ! Nous ne sommes pas au cinéma ! Après, vous le regarderez courir... »

Et comme un journaliste interrogeait déjà Volker en train de se dévêtir, indifférent :

« Il ne vous dira rien, jeune homme. Ne perdez pas votre temps. Écrivez, si vous y tenez, qu'il est en pleine forme, en meilleure condition qu'au début de sa carrière, et qu'il fera sa rentrée officielle à Berlin, au cours du meeting international. C'est tout ! »

Les photographes encerclaient Henckel et Volker, se pressaient au coude à coude, leur appareil sur le visage.

« Par ici, Volker ! Tournez-vous ! Hop ! »

Volker achevait d'ôter son survêtement. Il surgit devant eux en maillot, son moignon à nu, et tous reculèrent, comme s'ils eussent douté jusque-là de sa mutilation. Volker sauta sur place, fit quelques mouvements de décontraction habituels, et chacun retrouva son aplomb.

« S'il vous plaît, Volker ! Levez la tête ! Regardez à droite, Volker ! Une autre fois ! Merci ! »

Ils reculaient encore, mais sciemment, cherchant à photographier Volker et son bras sous tous les angles, s'agenouillaient, couraient autour de lui, se bousculaient en criant des indications qu'il n'entendait pas, tout à sa mise en train.

« Ça va ! dit Henckel. Laissez-nous travailler. »

Et voyant Fairley et Gibson à l'entrée du stade :

« Voilà ce qu'il vous faut ! Dave Gibson. Foncez, messieurs ! Vous serez mieux servis. Il a le sourire facile, croyez-moi ! »

Volker et Gibson s'entraînèrent toute la matinée. Répartis le long de la piste, les journalistes et les photographes ne se lassèrent pas de les regarder courir leur dizaine de 200 mètres dont Henckel hurlait chaque temps, comme un moniteur intéressant le public à sa démonstration. Au terme de la séance, alors qu'il quittait le stade derrière Volker et Gibson, en bavardant avec Fairley, il se retourna sur un journaliste qui prenait des notes, adossé contre la barrière.

« Eh bien, convaincu, à présent ?

— Personnellement, oui. Mais il fallait voir ça de ses propres yeux. Volker est sensationnel. C'est un miracle !

— En athlétisme, il n'y a jamais de miracle. Ou plutôt, le miracle, c'est de rencontrer dans sa vie un garçon qui ait autant de conscience et de courage. »

Il allait partir, mais le journaliste fit un pas vers lui.
« Encore une question, s'il vous plaît. La dernière... Croyez-vous qu'il puisse, à Berlin, approcher les 1 minute 49 secondes ? Car, au fond...
— ... il faut aussi que vous voyiez ça de vos propres yeux ? Ne comptez pas que je vous réponde. Parce qu'il est stupide, un mois à l'avance, de demander ce qu'un coureur peut faire ou ne pas faire. Mais si vous êtes libre, ce jour-là... »

Henckel avait éclaté de rire avec tant de violence que Helga, délaissant son ménage, descendit aussitôt de la chambre. Et tout au long de l'escalier le rire démesuré continua de l'atteindre sans qu'elle se l'expliquât raisonnablement.
« Regarde ! cria Henckel. Ou plutôt devine quel est l'imbécile, le prétentieux qui se permet de m'écrire ? Devine ! »
Il brandissait une lettre, l'agitait comme un éventail au nez de Helga.
« Hagenstolz, dit Helga, doucement. Quand on te connaît ! Est-ce que ça vaut de faire un tel chahut, de rire comme un possédé, de me laisser imaginer je ne sais quoi ?
— Comment donc ! M. Hagenstolz se félicite de ce qui nous arrive. M. Hagenstolz est emballé, ravi, délirant. M. Hagenstolz me prie d'aller à Berlin au plus tôt, et de lui amener Volker. Nous aurons, dit M. Hagenstolz, une conversation très avantageuse !
— Eh bien ?
— M. Hagenstolz se fout de moi ! Tu ne penses pas que je vais me déranger, traverser l'Allemagne pour plaire à ce forban ? Pour le flatter, moi aussi ! Pour lui donner l'impression que tout le monde est à ses genoux, y compris Julius Henckel ! Qu'il lui suffit de parler ou d'écrire pour qu'on se précipite aux ordres, comme s'il était devenu vraiment quelqu'un ! Volker

et moi, nous n'avons rien à faire avec M. Hagenstolz. Moins que jamais ! Et je ne lui répondrai même pas.

— C'est mal, dit Helga. Bien que tu te sois toujours conduit durement avec lui, il n'a pas de rancune. Il s'abaisse à risquer le premier pas...

— Ça ne lui coûte guère ! Il a rampé toute sa vie, l'animal !

— Peut-être a-t-il de bonnes intentions, après tout...

— Lui !

— Peut-être veut-il faire quelque chose pour Stefan...

— L'entortiller, par exemple ! Lui demander de signer au club de Cassel, à Berlin ou ailleurs, afin d'être agréable à des amis, des malpropres de son espèce, en échange de je ne sais quelles influences ! Autrefois, il s'offrait ma tête quand j'affirmais que Stefan écraserait les meilleurs. Maintenant que nous en sommes là, il guigne l'oiseau rare et s'empresse de tourner casaque. À moins qu'il n'ait envie de le sélectionner pour le meeting... Bien sûr ! Rien à se mettre sous la dent, les effectifs sont réduits. Pas beaucoup de champions, en ce moment ! Et M. Hagenstolz s'arrache les cheveux. Il voudrait bien ne pas être trop ridicule, ce jour-là ! C'est la première rencontre depuis la guerre. L'Allemagne fait sa rentrée. Alors, M. Hagenstolz a compté sur Volker pour sauver l'honneur national. Et le sien, par-dessus le marché !

— Il faut lui parler, Julius. Penser d'abord à Stefan.

— Si Hagenstolz a besoin de Volker, il viendra le chercher lui-même. Avec des formes, Helga ! Parce que je ne suis pas à sa disposition, tout président qu'il est. Et que sans lui, si je m'en occupe, Volker courra quand même à Berlin. »

Si décidé qu'il fût, et certain d'aboutir, il se rappelait les avertissements de Voldemar. Il savait qu'il lui faudrait batailler, payer de sa personne, écrire, aller à droite et à gauche, se montrer, discuter avec les uns et les autres, pour qu'on voulût bien croire aux chances de Volker. Des coureurs avaient sans doute été pressentis, qui méritaient peut-être leur sélection, que leurs dirigeants, leurs entraîneurs, en tout cas, bien en place, habitués des congrès, des moindres débats, présents à toutes les manifestations sportives, s'apprêtaient à soutenir sans rompre d'un pouce. En admettant même que Volker eut les faveurs du comité, par courtoisie, par respect pour son état ou ses performances, il se pouvait fort bien qu'on l'oubliât au dernier moment. Henckel n'était pas aimé. On abhorrait ses façons, sa brutalité, sa franchise. On le jalousait. D'aucuns verraient là leur revanche...

Henckel ne se leurrait pas. Il se connaissait et connaissait ses confrères. Il examina le problème avec sang-froid, avec beaucoup d'objectivité, pensa se rendre à Fulda pour consulter Voldemar.

« Il faut prendre les devants, se disait-il. Ne pas perdre une seconde. Les obliger à retenir Volker, même s'ils n'en ont pas envie. »

Une réunion avait lieu à Hanovre, le dimanche suivant, où devaient s'affronter, dans le 800 mètres, quelques-uns des coureurs les plus en vue. Henckel écrivit aux organisateurs pour leur annoncer l'engagement de Volker. Il eût désiré que Gibson l'accompagnât, mais Dave était en permission à Paris depuis la veille.

« Ensemble, vous pouviez tenter quelque chose, dit-il à Stefan. L'un ou l'autre aurait assuré le train... Après tout, il vaut mieux nous réserver pour le grand jour. Tu en profiteras pour ne pas pousser. Il s'agit d'attirer l'attention. De belle manière, bien entendu. 1 minute 51 secondes, 1 minute 51 secondes 4/10, ça suffira pour que tu aies ton nom en pleine page dans les journaux du lendemain. Nous arriverons samedi à Hanovre, et tu auras tout le temps d'essayer la piste. Si je me souviens bien, elle était fameuse...

— Oui. J'y ai couru une fois. Un 800 gagné en 1 minute 52 secondes 3/10. Un peu longue quand même. Près de cinq cents mètres ! On part en plein virage…

— Ne te tracasse pas, dit Henckel. Tu tireras la corde, et le tour sera joué. »

La première personne de connaissance qu'il rencontra, en entrant dans les vestiaires, ce fut Hagenstolz lui-même.

« Bonjour, Henckel », dit Hagenstolz avec son amabilité coutumière, un sourire préparé pour toutes les circonstances.

Il avançait la main tendue. Henckel, suffoqué, après un coup d'œil pour tout ce monde qui les entourait, soudain alerté par l'arrivée de Volker, n'eut pas le front de se dérober.

« Bonjour », dit-il entre ses dents.

Et tout de suite, Hagenstolz, se plantant devant Volker :

« Vous vous rappelez ? À Cassel… M. Hagenstolz… Très content de vous voir ici, vous savez ! J'ai lu tout ce qu'on a dit de vous. Bravo ! Bravo ! Je suis certain que vous allez nous étonner encore.

— Ne lambine pas, Stefan, dit Henckel. Déshabille-toi pour le massage. »

Hagenstolz ne fut pas dupe. Il rit de plus belle, tapota l'épaule de Volker :

« Champion d'Allemagne, Volker ! Bientôt ! N'est-ce pas, Henckel ? »

Et comme Henckel se retenait de répondre :

« Je vous ai écrit, il y a près d'une semaine. Êtes-vous au courant ? Bien sûr ! Mais j'ai pensé que vous seriez plus à l'aise si vous n'aviez pas à faire le premier pas. Ou le second plutôt ! J'ai appris que Volker courrait le 800 aujourd'hui, et je suis venu de Berlin pour vous saluer… »

Tête baissée, Henckel fouillait le sac de Stefan, en tirait le maillot, le survêtement, les fioles d'embrocation.

« Merci, monsieur le président ! » dit-il en se relevant à peine.

Hagenstolz parut d'abord s'amuser de la repartie. Le ton ironique ne le froissait pas. Il sourit encore, contempla Henckel un instant, son dos énorme, la nuque congestionnée. Puis, il eut une moue un peu méprisante, comme s'il jugeait pitoyable ce comportement, cette antipathie sans remède.

« En deux mots, Henckel, j'ai l'intention de demander à Volker son accord pour le meeting international que nous organisons à Berlin dans quinze jours. Je me suis fié, vous le voyez, à ses temps d'entraînement. Je me suis fié à vous, si vous aimez mieux. Mais il était préférable, pour ne vexer personne, qu'il réussisse une bonne performance officielle. Vous avez bien fait de l'amener à Hanovre aujourd'hui. J'espère... »

Henckel s'était peu à peu redressé. Il regardait maintenant Hagenstolz en plein visage, souriait en clignant un œil, d'une façon pas très engageante.

« Vous espérez quoi, Hagenstolz ? Qu'il va se défoncer et gagner sa sélection, ou bien qu'il se fera battre par tout le monde, comme un apprenti ? Histoire de vous frotter les mains un peu plus chaudement ? »

Hagenstolz ouvrit la bouche. La tête en arrière, les bras ballants, il sembla qu'il allait éclater de rire. Puis d'un coup, mais contenant sa voix, et tourné vers la porte du vestiaire :

« Henckel, vous me dégoûtez ! Cette fois, je vous salue bien !

— Moi de même ! » dit Henckel en s'inclinant.

Il rejoignit Volker allongé sur un banc, commença de lui masser les jambes.

« Ça va, garçon ? Pas trop nerveux ? La viande est tendre ! Ça doit marcher...

— Ça marchera.

— Il fait beau. Sans plus. Juste ce qu'il faut pour bien respirer. Pas un poil de vent... Hagenstolz peut être tranquille...

— Il vous a dit...

— Tu penses ! Il est là pour toi. »

Il n'avait pas eu le moindre doute sur sa sincérité. Il se réjouissait même de sa présence, impatient de lui assener son triomphe. Pour un peu, il eût conseillé une autre tactique à Stefan.

Tout le temps des premières épreuves, incapable de se maîtriser, il flâna sur le stade, parmi les groupes d'athlètes et de spectateurs. À plusieurs reprises, il entendit qu'on parlait de Volker. Il passa très vite, regardant ailleurs, mais ses mains tremblaient dans ses poches. Quand on réclama les coureurs du 800 à la chambre d'appel, il lorgna vers la tribune d'honneur. Hagenstolz était là, qui bavardait avec son voisin et faisait de grands gestes.

Le tirage au sort n'avait pas favorisé Volker. Il piétinait loin de la corde, presque à l'extérieur du virage, et derrière un autre coureur. Il lui faudrait lutter violemment dès le départ, sprinter longtemps, jouer des coudes pour s'intercaler tant bien que mal, le plus près possible des hommes de tête.

« Huit concurrents ! C'est trop ! C'est trop ! dit Henckel. Et dans un virage, encore ! Les imbéciles ! »

Debout contre la barrière, en face des chronométreurs, il s'énervait, passait d'un pied sur l'autre, s'adossait, s'éloignait. Un coup de pistolet pour rien. Ordemann, à la corde, s'était rué trop vite. De nouveau le starter rassembla les coureurs, et, planté sur la pelouse, prit son temps, le bras haut, les jambes largement écartées.

Volker hésita, tenta de déborder, se rabattit soudain, fonçant vers la sortie du virage. À l'exception d'Ordemann déjà détaché, frôlant la lice, tous se démenaient, mêlés, confondus, épaule contre épaule, se bousculaient, sautaient de part et d'autre, cherchant à se dégager, à se caler à la corde, à trouver un peu d'espace pour assurer leur foulée, un peu de répit pour se surveiller mutuellement et calculer leurs chances.

« Bon Dieu ! »

Henckel se glissait sous la barrière, la heurtait du dos, traversait la piste en courant. La foule s'était dressée sur les gradins, dans une grande rumeur de compassion ou de désappointement.

« C'est Volker ! »

Des officiels étaient déjà près de lui, l'aidant à se relever, le soutenant. Lui regardait sa jambe, son pied déchaussé, le sang qui coulait de sa cheville.

« Laissez-le ! Laissez-le ! cria Henckel. C'est votre faute ! Huit coureurs ! Un départ en virage ! On n'a pas idée ! »

Et prenant Volker par la taille, l'appuyant sur lui, le portant presque, il le guida vers la pelouse, le fit s'étendre, examina sa blessure, essuya les épaules, la cuisse noires de poussière.

« Un méchant coup de pointes ! Et tu es tombé sur ton bras ! Ne bouge pas. Reste couché. Tu souffres ?

— Moins que tout à l'heure. C'est bête... C'est bête. J'étais trop désavantagé, à l'extérieur. Pas moyen de sortir du paquet. J'ai fait tout mon possible... Ils tassaient dur... »

Il parlait machinalement, sans regarder Henckel, accroché aux hommes qui arrivaient alors dans la ligne droite, et sprintaient, Ordemann toujours en tête.

« J'étais pourtant bien, vous savez...

— Je sais, dit Henckel. Ce n'est rien. Il faut soigner ça tout de suite. Peux-tu aller jusqu'aux vestiaires ? À cloche-pied ? Je t'aiderai...

— Bien sûr ! »

La course terminée, on accourait de partout au-devant d'eux. Ordemann lui-même, à peine félicité de sa victoire, s'engageait sur la pelouse en petites foulées. De loin, il fit un geste de sympathie.

« Et pour Berlin, monsieur Henckel ? demanda Stefan vivement.

— Ne t'en fais pas, mon vieux. D'ici là... »

Ils aperçurent Hagenstolz au coin des tribunes, sur le chemin du vestiaire, qui paraissait les attendre. Il les laissa approcher.

« Pas grave, j'espère ? »

La tête sous le bras de Stefan, Henckel ne répondit pas. Mais Stefan se retourna :

« Pas trop. Une bonne éraflure.

— Tant mieux ! » dit Hagenstolz.

Bien que le médecin de service l'eût rassuré, Henckel s'était arrêté, le soir même, chez le docteur Spinnrock. Lui seul, pensait-il, saurait évaluer les dégâts.

« Rien à craindre, dit Spinnrock. Mon confrère avait raison. Dans huit jours, Volker pourra reprendre l'entraînement. Inutile de lui faire une piqûre de rappel. Je vais nettoyer ça une fois de plus, le panser proprement, et vous rentrerez au bercail. Allez, Henckel ! Détendez-vous ! Volker est moins abattu, que diable !

— Huit jours, docteur ? C'est bigrement long, ça. Tous nos plans sont par terre ! La sélection, le meeting de Berlin... Quelle déveine, bon Dieu ! »

Il arpentait le bureau, les poings au fond des poches, stoppait brutalement devant Stefan, le contemplait, navré, en hochant la tête.

« Tout marchait si bien !

— Tenez, dit Spinnrock, je vous promets d'aller vous voir après-demain. Nous aviserons. S'il ne souffre pas, si les muscles ne sont pas trop raides, on essaiera de forcer un peu. Après tout, Volker est solide. Il en a connu bien d'autres. Pas vrai ? »

Durant le voyage. Henckel ne cessa de s'agiter, se levant, se rasseyant, passant d'une fenêtre à l'autre, maugréant, s'adressant parfois à Volker pour lui répéter d'un ton tragique, las, inhabituel :

« Une sacrée malchance, hein ? Si près du but ! Quoi faire ? Quoi faire ? »

Il semblait anéanti tout à coup, dans l'impossibilité désormais de se ressaisir et de lutter encore. Volker eut pitié de lui, osa le réconforter pour la première fois.

« Ça ne sera rien, monsieur Henckel. Je suis en bonne condition, autrement. Je ne perdrai pas grand-chose. Dimanche, je suis sûr de pouvoir recourir... »

Mais Henckel, les jours suivants, continua de se ronger, de se plaindre, errant dans le jardin, mangeant à peine, questionnant Volker sur sa blessure, insensible à la sollicitude de Helga, à l'optimisme de Fairley. Il les accueillait avec un pareil accablement, les fuyait aussitôt, paraissait même douter de Volker qui affirmait ne pas souffrir.

« Tu boites, lui dit-il un matin. Tu ne vois pas que tu boites ? Les muscles sont touchés...

— Non, je ne boite pas. Je me sens même très bien.

— Allons donc ! Tu me prends pour une gourde ! »

Spinnrock vint à Mielberg avec deux jours de retard. Cependant, Henckel l'accueillit comme s'il en attendait la fin de ses tourments.

« Parfait ! s'écria Spinnrock après avoir examiné Volker. Pas la moindre enflure. La cheville est souple. Les cicatrices sont en bonne voie. Cours un peu dans l'allée, que je te regarde... Et tu me raconteras tes impressions... »

Volker trotta, s'assouplit, fit des flexions, quelques sauts timides.

« Ça va ! Ça va très bien ! criait-il à Spinnrock, à Henckel, debout sur le perron, à Helga qui maintenait Spitz à ses côtés.

– Sûr ? dit Spinnrock.

– Parole d'honneur !

– Demain vendredi, nous irons à Klosburth, dit Henckel. Samedi, Gibson sera là, et nous travaillerons ferme. Dimanche...

– Au fait, dit Spinnrock, en l'interrompant, j'ai rencontré votre ami Voldemar, aussi désolé que vous, Henckel. Il aimerait pouvoir vous aider... Mais tout n'est pas perdu, il me semble. On ne laisse pas sur la touche un garçon qui vient d'abattre un 800 en moins de 1 minute 50 secondes !

– C'est bien mon avis, dit Henckel. Seulement, tout dépend de ce cornichon de Hagenstolz.

– Voldemar parlait de l'aller voir, justement.

– Tant pis ! Parce que ce sont là des procédés qui ne me plaisent guère. Et nous sommes assez grands, Volker et moi, pour nous défendre.

– Pas toujours, Henckel, dit Spinnrock en riant. Car il faut bien que je vous serve quand même à quelque chose... »

Henckel était à l'entraînement quand un télégramme de Voldemar arriva le lendemain soir, annonçant la participation officielle de Volker au meeting de Berlin. Un autre devait suivre, émanant de Hagenstolz... Helga courut tout le pays à la recherche d'un gamin qui voulût bien le porter immédiatement à Klosburth. Le télégramme tremblait entre ses doigts, et l'enfant la regarda d'un air étonné.

« C'est grave, madame ?

– Non ! dit Helga. Fais vite ! C'est une bonne nouvelle. »

XV

Les journalistes, les photographes, des spectateurs qui tendaient d'une main leur programme, une enveloppe, un calepin, de l'autre leur stylo, n'avaient pas lâché Volker et Gibson, les poursuivant, répétant leurs noms, les forçant à s'arrêter quelques secondes dont ils tâchaient de profiter chacun à sa façon. Maintenant, Henckel et Fairley veillaient près du terrain d'entraînement en retrait du stade, s'opposant à toutes les tentatives, tandis que Volker et Gibson, assis dans l'herbe sous les arbres, soufflaient entre deux tours de piste. D'autres athlètes, coureurs, lanceurs de poids et de javelots, s'exerçaient en retenant leurs gestes, allant et venant sur la pelouse, s'adressant un mot, un salut à chaque rencontre.

Le haut-parleur appela les concurrents du 100 mètres sur la ligne de départ, et Henckel, avec satisfaction, vit les gens s'égailler à toute allure.

« Pas trop tôt ! Quelle engeance !

— Ne vous plaignez pas, dit Fairley. C'est la gloire ! Tout recommence ! Et quel public ! Trente mille personnes, au moins... Un bon stimulant, croyez-moi. Volker va se déchaîner. »

Henckel leva la tête.

« S'il ne pleut pas, tout ira bien. Ce serait dommage. La piste est souple, refaite à neuf.

— Autrement, pas d'inquiétude ?

— Non. Le lot est d'importance, bien sûr. Les deux Belges sont rapides au sprint, à condition qu'ils aillent jusque-là. Rockett, l'Anglais, n'a rien fait cette saison d'intimidant. Se méfier des Suédois, qui s'entendent très bien, paraît-il, pour mener leur barque sans trop se fatiguer… Ordemann a de l'ambition. Un peu frêle quand même. Logiquement, Gibson doit gagner, avec Volker sur ses talons…

— Double victoire pour vous, quoi ! C'est mérité. Mais après, je vous reprends mon homme. J'ai du temps de libre. Et le métier me plaît, à moi aussi. D'accord ?

— D'accord.

— Et Volker ? Confiant ?

— Trop même. Fou de joie, sans en avoir l'air. Pas du tout marqué par son accident. Il en a mis un sérieux coup, cette semaine.

— J'ai vu. »

Ils se retournèrent ensemble pour regarder Gibson et Stefan qui passaient à leur hauteur, côte à côte, et bavardaient en trottant.

« Décidément, dit Fairley, j'ai eu une fameuse idée. »

Puis lorgnant sa montre :

« J'aime beaucoup le 400 haies. Venez-vous ?

— Non, dit Henckel. J'ai envie de me promener un peu. De me détendre, si vous préférez. »

Fairley parti, il resta pourtant immobile, les mains aux poches, la tête penchée, songeur, observant Volker et Gibson qui couraient sur la pelouse. Ils passèrent devant lui, une fois, deux fois, sourirent, et Henckel leur répondit faiblement. Enfin, Volker s'approcha.

« C'est bientôt à nous, monsieur Henckel. Je vais me préparer.

— Oui, Stefan. Tu as besoin de moi ?

— Non...

— Rappelle-toi bien. Laisse faire au début... Suis Gibson. Ne le quitte pas. Si tu te sens très fort, dans la ligne droite, tente ta chance. C'est le jeu... »

Il le prit par l'épaule, le secoua.

« On y est quand même, tu vois ! Je t'ai fait souffrir... Tu me l'as rendu de temps en temps... C'était le jeu aussi. Allez... File... »

Il attendit qu'il se fût éloigné avec Gibson, se dirigea vers les tribunes. Helga était installée depuis longtemps. Il lui avait promis de la rejoindre. Mais il savait déjà qu'il aimerait être seul, qu'il se chercherait une place bien discrète, en haut des gradins, près de la ligne d'arrivée. Il aperçut Voldemar qui sortait de la chambre d'appel, hésita.

« Où étais-tu ? dit Friedrich. J'ai une commission pour toi.

— Une commission ? »

Il tendait une feuille de carnet pliée en quatre.

« On m'a donné ça, tout à l'heure. De la part d'un mutilé...

— Ah ! »

Il lut les quelques lignes griffonnées au crayon : « Belle journée, monsieur Henckel. Je ne voulais pas manquer ça. Dites-lui seulement que Koplitz est là, dans un coin. Et bien content. » Il réfléchit, le billet dans la main, sans que Voldemar osât le questionner. Puis il le replia soigneusement, le mit dans son portefeuille.

« C'est de Koplitz, dit-il enfin. Le camarade de Stefan. L'ancien sauteur. Que nous avions rencontré au centre de Risebach... Un brave type... »

Il marchait vers les tribunes, encore pensif.

« Je t'accompagne ? demanda Voldemar.

— Si ça te fait plaisir... »

Il avait dit cela du bout des lèvres, et Voldemar ne s'y trompa point.

« Mais si... Viens donc », dit Henckel en le rattrapant par le bras.

Ils s'asseyaient lorsqu'on annonça le 800 mètres. La foule grouilla soudain autour d'eux, s'exclama, comme si c'était là l'épreuve attendue, qui la comblerait à coup sûr. D'un même geste, au même instant, Henckel et Voldemar tirèrent le chrono de leur poche.

« Il fait lourd, dit Voldemar. Ils auront du mal à bien respirer... Tiens ! Voilà Gibson, Et Stefan, derrière lui... »

Dave Gibson s'arrêta, luisant dans le soleil, comme baigné d'huile, tous les muscles en relief, revint vers Volker, mit un bras sur ses épaules. On le voyait rire à pleine figure. Les autres concurrents s'échauffaient, essayaient leur foulée, piétinaient, s'élançaient de nouveau.

« Neuf hommes ! dit Henckel. Beaucoup trop encore. Ils vont se bouffer au départ... »

Il s'essuya le front, la nuque, avec sa paume, souffla un grand coup.

« Sois calme, Julius !

— Je suis calme, Friedrich... »

Les coureurs se groupèrent près de la ligne, Gibson à la corde, Volker en quatrième position.

« Ça va », dit Henckel, en se tortillant pour mieux s'asseoir.

Volker bondit, se jeta vers la lice, prit la tête. Il sembla que Gibson, et les deux autres à sa droite, instinctivement, eussent contenu leur effort.

« Bon. À présent, qu'il laisse passer quelqu'un...

— Tout juste ! dit Voldemar. Il est docile... »

Un coureur le remontait, coupait un peu vivement. Gêné, Volker changea de pied, changea de rythme, s'inclina. Pas longtemps. L'allure ne lui convenait pas. Il était là pour réussir une grande performance, pour tâcher de battre son record, pour prouver à tout le monde que ses 1 minute 49 secondes de Klosburth lui appartenaient bel et bien...

Si Gibson avait mené, seulement ! Où était-il, Dave ? Il n'osait se retourner, risquer un regard par-dessus son épaule. Personne ne se décidait à venir à sa hauteur, à tenter quelque chose, à remplacer ce type – l'Anglais ? un Belge ? – qui se promenait, les jambes blanches, le dos rond, pas joli du tout...

« Avance ! Avance ! criait Volker, intérieurement. Tant pis ! Je suis trop bien. J'y vais. Henckel comprendra... »

Il démarra avec tant de violence que le peloton parut s'immobiliser. Gibson se dégagea le premier, rejoignit Volker en étendant sa foulée, en déployant les bras, les mains levées jusqu'au visage.

Henckel frappa du poing sur son genou, griffa l'étoffe.

« Il a eu raison ! dit Voldemar. Rien d'autre à faire. C'était ridicule. 55 secondes... 56 secondes au 400... »

Déjà, les gens remuaient, discutaient, échangeaient des sourires, des clins d'œil.

« En voilà un qui revient joliment, dit Henckel.

— Zerbala, l'Italien. 1 minute 49 secondes 3/10 à Milan, dimanche dernier. »

Zerbala rattrapa Gibson. On crut qu'il allait s'installer sagement dans sa foulée, souffler un peu, attendre le deuxième tour pour préparer une attaque s'il en avait l'envie. Il continua, doubla Gibson, atteignit Volker.

« Cède ! Cède donc ! » dit Volker entre ses dents.

Mais, abordant la ligne droite, Volker accéléra, prit un mètre, et Zerbala se rabattit devant Gibson. L'un derrière l'autre, les trois hommes passèrent en face des tribunes. On entendait le crépitement régulier des pointes raclant la piste.

La foulée ample, les bras lâches, Volker imposait sa cadence. La cicatrice marquait son visage d'une tache rouge.

« Trop vite ! dit Henckel, alors que la cloche résonnait. 52 secondes juste au 400 mètres.

— Il est dans les temps de Harbig. Dans les temps du record du monde... Qui sait !

— Possible pour Gibson s'il le relaie maintenant... Regarde ! »

Dave Gibson s'était lancé dans le virage. Penché vers la pelouse, en déséquilibre, battant l'air de son bras droit, il remontait Zerbala, il remontait Volker, l'emmenait dans sa foulée, et l'Italien reculait peu à peu, tournait la tête, cherchant le peloton étiré le long de la ligne droite.

« Quelle allure ! s'écria Voldemar. Quelle allure, bon sang ! »

Il pensait autant à Gibson qu'à Volker, qui se suivaient à quelques centimètres, semblables dans leurs gestes, effleurant la cendrée au même rythme. Un remous, une rumeur dans la foule, le nom de Volker éclatant çà et là, des gens levés, le cou tendu... Volker avait démarré. Il dépassait Gibson, le lâchait. Il se rappelait les paroles de Henckel :

« Gibson est plus rapide au sprint. Mais au train, tu peux l'écœurer. »

Et il tentait sa chance. Qu'il tienne ou non, il aurait tout fait pour battre Gibson. Le bruit des pointes décroissait, s'étouffait derrière lui. Il s'en étonnait. Il eût voulu regarder...

« Ne te retourne jamais, Stefan... »

Deux cents mètres encore... Il commençait à souffler plus vite, le cœur galopait, mais les jambes répondaient bien, les muscles acceptaient le défi.

« Où est Dave ? Où est Dave ? »

Il pensait à lui, l'entendait rire. D'autres images, à la file... Helga... Klosburth. Fairley... Spitz... Henckel... Helga de nouveau.

En même temps qu'il atteignit la ligne droite, il comprit aux hurlements de la foule, à son nom scandé, chanté, à peine distinct, qu'il lui fallait résister, pousser davantage, échapper à une menace. Gibson revenait, il en était sûr. Il avait tenu, ménagé ses efforts. Il allait arriver à sa hauteur, le distancer à son tour...

« Non ! dit Voldemar. Gibson ne passe pas ! Il veut laisser gagner Volker !

— Je n'aimerais pas ça ! Pas du tout ! Et Stefan non plus...

— Bien sûr ! »

Ils étaient debout tous les deux, épaule contre épaule, la main serrée sur le chrono.

« Allez, Gibson ! » cria Henckel.

Il souhaitait, il exigeait que ce fût une vraie course, franche, terrible jusqu'au bout. Que Volker eût la récompense qu'il méritait. Il voulait pouvoir le féliciter de bon cœur.

Et Gibson était d'accord. Il connaissait trop bien Stefan, maintenant. S'il ne se crevait pas pour le battre, s'il ne le battait pas, même, Stefan douterait toujours, quoi qu'il pût dire pour le rassurer. Seulement, aujourd'hui, ce n'était pas facile de battre Stefan...

« Allez, Volker ! »

Henckel ne craignait plus rien. Il se crevait lui aussi, s'époumonait, ruisselant de sueur, écarlate. Gibson et Stefan luttaient de front, au coude à coude, grimaçant l'un et l'autre, la tête un peu penchée, comme s'ils s'encourageaient ensemble. Volker laissait pendre son bras droit. Il ne pensait plus à grand-chose. À un mètre de la ligne, Dave Gibson commença de le dépasser...

« 1 minute 47 secondes ! hurla Voldemar. 1 minute 47 secondes, Julius ! »

Henckel se rassit lentement. Il avait oublié d'arrêter son chrono, et, les mains entre les genoux, il le contemplait avec une expression un peu triste, de colère et de surprise.

« C'est la première fois !

— Allez, dit Voldemar. Descendons. Ils t'attendent, là-bas... »

Henckel prit son mouchoir, s'essuya la figure.

« J'ai le temps. Descends, toi...

— Ça ne va pas ? Tu n'es pas content ?

— Oh ! si, Friedrich.

— Alors ? »

Henckel tourna la tête, regarda vers la ligne d'arrivée. On entourait Volker et Gibson. Les officiels, les chronométreurs, les photographes, les journalistes, beaucoup de gens qui parlaient, riaient, s'agitaient, prenaient leur compte de cette victoire. Il avait sa place parmi eux, au premier rang. Mais il se sentait las, tout à coup, vieilli, désabusé... Il lui faudrait parler, rire, s'agiter comme les autres, recevoir les compliments, remercier de son mieux, retrouver tout le monde... Fairley, Hagenstolz... Ne pas choisir...

« Tu viens, Julius ?

— Ne te gêne pas pour moi, Friedrich.

— Bon, dit Voldemar en haussant les épaules. Comme tu veux. »

Il enjamba la banquette, bouscula quelqu'un involontairement, et Henckel sourit un peu.

« Friedrich ! »

Voldemar fit demi-tour.

« Assieds-toi, dit Henckel. Je vais te faire plaisir une bonne fois. Tu aimes bien Volker ? Tu l'admires ? Lui aussi t'aime bien. Je te le donne... »

Voldemar s'était levé brusquement.

« Allons !

— Assieds-toi, Friedrich. Stefan est retapé. C'est un grand bonhomme, tu as vu. Mais ce n'est pas tout, la course à pied. Il faut lui apporter autre chose, s'occuper de lui d'une autre manière. Le refaire complètement... Le guider... L'aider à profiter de ses droits. Il y a sa pension. Un métier à lui trouver. Pour qu'il se sente vraiment heureux. Moi, j'ai fait ma part, Friedrich. Et je suis fatigué aussi. Je n'ai plus de patience... »

Penché, les coudes sur les genoux, Voldemar réfléchissait. Il se leva, et sans regarder Henckel :

« À tout à l'heure, dit-il.

— Oui, dit Henckel. À tout à l'heure. »

Il aperçut Helga, debout sur un gradin, au milieu de la tribune, qui lui faisait des signes avec son mouchoir. Il lui répondit de la main.

« Elle doit s'ennuyer la pauvre. »

Il était content de la voir, content de la rejoindre. Alors qu'il descendait les marches, le haut-parleur annonça les résultats du 800 mètres. Il s'arrêta, baissa la tête, attendit, se retenant de respirer. Et ses lèvres tremblèrent comme s'il disait lui-même :

Premier : Gibson, États-Unis, 1' 47"...

Deuxième : Volker, Allemagne, 1' 47" 2.

Troisième : Zerbala, Italie, 1' 51" 4.

Quatrième...

Dans la course aux Prix

Yves Gibeau présentant son livre aux journalistes, juste après l'attribution du Prix de la littérature sportive au ministère de l'Éducation nationale.

Michel de SAINT PIERRE

25, Faubourg St Honoré

PARIS VIIIe

Paris, le 3 mai 1957

Monsieur Yves GIBEAU

Mon cher vieux,

J'ai été tellement heureux de ton Grand Prix de la Littérature Sportive, que j'aurais voulu assister au diner qui est donné en ton honneur. Mais comme je le dis à Marcel Berger par le même courrier, je ne serai pas à Paris à cettedate.

Je t'en exprime mes plus sincères regrets et te demande de croire à ma fidèle et vieille amitié.

Michel de Saint Pierre,

P.S. Je t'envoie par le même courrier mon nouveau roman "les Ecrivains"

Courrier de l'écrivain et ami Michel de Saint Pierre qui fut également publié aux éditions Calmann-Lévy.

Académie Goncourt Paris, 24 octobre 1956

Mon cher Vaillant,

Comment, vous avez été opéré ? Mais moi aussi. Je suis remis, mais je ne parviens pas à me débarrasser d'une névrite gênante, ce qui m'oblige a vous dicter ces lignes.

Votre aimable critique de La Grive m'a touché. J'écris "tout est à vendre" et vous me répondez, en somme "tout est à louer".

J'ai lu, sitôt reçu, le roman militaire et spor tif d'Yves Gibeau. C'est un écrivain que je suis avec intérêt depuis ses débuts, "Le Grand monôme" si je me souviens bien, pour lequel je lui avais fait obtenir une bourse Blumenthal bien méritée. Je pense que sa "Ligne droite" n'obtiendra pas moins de succès que "Les Gros Sous".

Je vous serre cordialement les mains.

Roland Dorgelès.

Lettre de l'écrivain et journaliste Roland Dorgelès qui fut membre de l'académie Goncourt dès 1929, avant d'en devenir le président en 1954 jusqu'à sa mort en 1973.

CALMANN-LEVY, Editeurs

3, rue Auber

PARIS IXème

Le 21 Décembre 1956

Monsieur,

C'est un fait connu que les prix de fin d'année contribuent à fausser le jeu littéraire en éclipsant de leur éclat d'autres ouvrages dont les mérites ne sont pas moins grands.

C'est ainsi que nous avons eu la fierté de publier un roman d'Yves Gibeau

" LA LIGNE DROITE "

qui, pour n'avoir pas eu les faveurs des Jurys n'en est pas moins une oeuvre remarquable : la Société des Lecteurs vient d'ailleurs de le mettre à l'honneur dans sa Sélection de Novembre 1956.

Dans le dépliant ci-joint, nous avons réuni quelques passages très brefs d'articles si nombreux que nous ne pouvons les citer tous. A défaut de consécration officielle, nous avons décidé de demander aux Libraires de nous faire confiance et de se joindre à nous dans notre effort pour favoriser une diffusion aussi large que possible de ce livre.

Nous allons donc commencer une campagne publicitaire sous forme de placards dans les grands journaux. Durant cette campagne, nous vous demanderons de bien vouloir afficher le dépliant ci-joint.

Enfin pour sanctionner cet effort particulier, nous vous accorderons le bénéfice exceptionnel du 11/10 sur toute commande passée avant le 15 Février 1957.

.../...

De nombreux libraires nous ont déjà fait confiance en choisissant LA LIGNE DROITE pour la recommander tout particulièrement à leur clientèle. La caractéristique de ce roman est en effet de pouvoir être mis entre toutes les mains. C'est un livre réconfortant pour la jeunesse, optimiste dans ses conclusions. Dans la production française actuelle, on peut dire qu'il constitue un paradoxe car il est de bonne littérature avec de bons sentiments.

D'avance, nous vous remercions de votre confiante et amicale collaboration.

CALMANN-LEVY, Editeurs

Courrier de son éditeur, Calmann-Lévy, à l'intention des libraires.

L'éditeur remercie Madame Sophie Gibeau, fille de l'écrivain, ainsi que Monsieur Benoît Heimermann, pour leur aide et leur soutien dans la publication de ce texte.
Un grand merci à Philippe Delerm pour le passage de relais.

Dépôt légal : août 2021
Composition : Nord Compo

Imprimé en France en juillet 2021 par Corlet Imprimeur (Condé-en-Normandie)
N° d'imprimeur : 21070223